精神科病院と地域支援者をつなぐ

みんなの退院促進プログラム

実施マニュアル&戦略ガイドライン

古屋龍太・大島 巖

|編著|

ミネルヴァ書房

それぞれの病院・地域で退院促進・地域移行に取り組む,

すべての方々へ

はじめに

　日本は，世界一精神科病床の多い「精神科病院大国」です。長年にわたる国の入院医療中心の隔離収容政策によって，多数の長期入院者が生み出されました。本来であれば，短期の入院治療ですんだかもしれない方々が，精神科病院のなかで歳を重ねてきています。大切な人生の時間の大半を，閉鎖的な精神科病棟のなかで過ごすことになった方々は，もっと早くから地域であたりまえに普通に暮らすことができたはずです。

　もちろん，これまでも長期入院者の退院に向けた取り組みが，多くの地域や病院で地道におこなわれてきました。国も21世紀に入ってからは「入院医療中心から地域生活中心へ」と政策のかじを切り，地域移行・地域定着の支援体制をつくってきました。それでも，具体的な支援を進めるための手順は示されず，各地の実践者は，一人ひとりの支援を通して，手探りで方法を模索するしかありませんでした。いつの間にかさらに10年，20年と時を経て，入院患者は高齢化し，今や年間2万2000人を超える方々が精神科病棟のなかで亡くなる事態に至っています。この悲しい現実を，私たちは理不尽に思い，なんとか変えたいと考えてきました。

　本書は，長期にわたり精神科病院に入院している人々が，退院して地域で生活できるようにするためには何が必要かを，プログラム評価理論の観点からまとめたものです。ご本人が早期に退院して，地域で安定したよりよい生活を実現するためには，支援者がどのような取り組みをすればよいのかを，「実施マニュアル」化しました。また，病院や地域と行政が，支援ネットワークを形成し連携・協働していくために，圏域によって異なるステージごとの特性にそった組織づくりと活動の指針となる，「戦略ガイドライン」を示しています。

　ここに記されているのは，退院促進・地域移行に携わる各地の実践者の知恵を集積した，「効果的な退院促進・地域移行・地域定着支援のプログラム」（効果モデル）の提案です。障害者総合支援法を中心とした既存の「制度モデル」を超えて，「みんなの退院促進」を実践していく足がかりになればと願っています。そして，現在，国がめざしている「精神障害にも対応した地域包括ケアシステムの構築」を具体化し，地域共生社会を現実のものとする各地のプラン作成のヒントにもなれば幸いです。

2020年12月

「タイソク研究会」の執筆者を代表して　古屋龍太

第Ⅱ部　実施マニュアル

第Ⅲ部　戦略ガイドライン

資料編

本書のめざすもの

本書のめざしているものは以下の9点です。

(1)「効果モデル」をひろげる

本書で提案している，退院促進・地域移行・地域定着支援の方法は，障害者総合支援法における「地域移行支援・地域定着支援」事業そのものではありません。現行の障害者総合支援法の組み立てを「制度モデル」とすれば，「効果モデル」と呼んでよいでしょう。私たちの研究プロジェクトに参加するメンバーが，2007年以来優れた成果をあげている全国各地の退院促進・地域移行・地域定着支援事業の取り組みから，効果的な支援のエッセンス（「効果的支援要素」）を抽出したものです。そのうえで，全国試行調査などを実施して，各要素の効果性を検証・実証し，科学的根拠に基づく実践（EBP）をめざすプログラムとしてマニュアル化しました。

(2)「支援チーム」をつくる

退院促進を強力に推し進める「効果モデル」をつくっていくためには，地域事業所の活動を基盤にして，精神科病院の退院支援活動や，行政機関や行政圏域内の「支援ネットワーク」とともに「支援チーム」を形成する組織づくりがとても重要です。そのためには，地域事業所と精神科病院のスタッフ有志が核となり「効果モデル」に取り組むための支援組織・支援チームを形成していくことが課題になります。そのために，本書では，「効果モデル」の組織的導入を進め，「支援チーム」の組織づくりが形成される段階ごとに，どのような活動を進めたらよいのかについての指針を示しています（第Ⅰ部第4章および第Ⅱ部・第Ⅲ部）。

(3)「効果モデル」を共有する

地域事業所と精神科病院が核となって取り組む「効果モデル」を，行政機関や行政圏域の「支援ネットワーク」全体で組織的に共有するための「実施・普及活動」が重要です。本書では，「効果モデル」の実施・普及を組織的に進めるために，①「支援チーム」づくりを進めるための「戦略プラン」を用いて各段階で用いる活動を体系的におこなうこと，②実践者が当事者と協働しての評価アプローチを用いることを重視しています。

(4)「戦略プラン」を立てる

　「支援チーム」全体で「効果モデル」に取り組むためには，多くの関係者が「効果モデル」を知り，有効性に関する共通認識を持つことが大事です。各機関が実施について受け入れ，各職種が実施方法を身につけることが必要になります。そのための広報や，小規模な勉強会，フォーマルな研修会のほか，他の機関（地域の事業所や精神科病院等）の見学会を催すことも，基盤をつくる大切なプロセスです。私たちが「評価ファシリテーター」と呼んでいる外部コンサルタント等が関与して，実施プランの作成や具体的な取り組みに関して，他者の目を通して評価をおこない，可能な限り多くの関係者や当事者の参画を得て計画的・戦略的に進めることが求められます。

(5)　共通のゴールをめざす

　この実践者が当事者とも協働して進める評価の実践が，「効果モデル」における「支援チーム」の組織づくりにも貢献するでしょう。まず「効果モデル」を取り入れる事業所・精神科病院スタッフを含む「支援の核」を中心とする「支援チーム」が協働し，プログラム評価理論を用いて，退院促進・地域移行・地域定着支援のよりよいゴール達成をすることをめざします。共通のゴールに向かって，関係者が創意・工夫，アイデアを持ち寄り，「効果モデル」をつくりあげようとする関係者全体の組織文化（「学習する組織」等）の形成が，「効果モデル」の実施・普及を組織的に進めるうえで何より重要です。

(6)「効果モデル」を導入する

　全国の精神科病院で今も長期入院・社会的入院を続ける人々が望む，よりよい地域生活を実現し，地域定着を支援することは喫緊の課題になっています。本書は，地域事業所と精神科病院が核となって，「効果モデル」に取り組むための支援組織・支援チームを形成し，現場で支援する実践者の創意・工夫によって，実効ある退院促進・地域移行・地域定着支援の「効果モデル」を構築すること，そして，その「効果モデル」の実施・普及を進めることによって，効果的な退院促進・地域移行・地域定着支援の「輪」を全国に広めること

------
memo

　＊1　地域の支援機関としては，障害者総合支援法による地域相談支援（地域移行支援・地域定着支援）を担う指定一般相談支援事業者だけでなく，計画相談支援を担う指定特定相談支援事業者や，訓練等給付の対象となる自立訓練（生活訓練）や共同生活援助（グループホーム），就労継続支援事業所，介護給付の対象となる居宅介護（ホームヘルプ），介護保険による高齢者介護事業所等の多様な生活支援機関も含まれます。もちろん，各地で整備の進む「基幹相談支援センター」や，2017年に提起された「精神障害にも対応した地域包括ケアシステム」，2018年4月から導入された「自立生活援助」の活用も，大きな力になることが期待されています。

に貢献することをめざしています。

(7) 目標と支援を統合する

　本書では，地域の支援機関を単独の主体とはせず，これまで標的組織として想定されていた精神科医療機関（精神科病院）を，連携して支援するチームのパートナーとして，一体的な組織に位置づけました。また，障害者自立支援法（その後，障害者総合支援法）による個別給付化により，支給決定をする市町村や，圏域の保健所などの行政機関との連携が必須となったため，地域・病院・行政で地域移行支援の取り組みを実施する組織を「多機関支援チーム」として位置づけています。

　さらに私たちは，すべての取り組みやプログラムを通じて，ピアサポーターを含めた当事者の力を活用した支援の存在が重要と考えています。

　地域によっては，異なる機能を持つそれぞれの組織が一体となり，プログラムにおいてその役割を担い，場合によっては互いがその役割を超えて支援を展開することで，より一体的な組織としてプログラムゴールを達成することにつながると考えています。病院と地域と行政が，同じ方向，同じ目標に向かって組織体制を整え，各々のなすべきことを確認し，一つのチームとして一体的に効果モデルを展開していくことが期待されています。

　なお，入院している病院と退院先の地域と自治体行政が一致する場合もあるでしょうが，実際には精神科病院が遠隔地にあるなど，帰る場所の地域が遠く離れている事例も多数存在しています。本書では，行政による圏域とは異なる「エリア」という考えを採用し，支援を要する入院者ごとにチームのエリアがあることを前提としています。

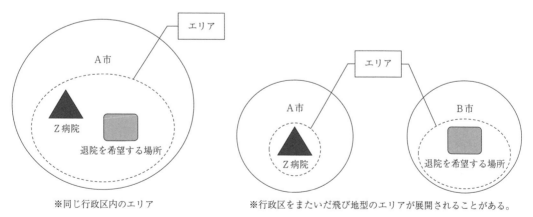

エリアの考え方

(8) 実践の指針を示す

以上のような統合型のモデルを構成する支援要素の実施状況などについて，私たちは訪問調査と評価をおこなって得られた知見や各地の実践者との検討を踏まえ，精神障害者の地域移行・地域定着に必要な支援要素を網羅したマニュアルとその実施を促す指針（ガイドライン）を提示しています（第Ⅱ部・第Ⅲ部）。

すでにこれまでの取り組みを通して，本研究プロジェクト内では「効果的支援要素」の有効性は共有されてきていますが，残念ながら広く外部には普及していません。本研究プロジェクトの成果を踏まえて，長期入院患者に特化した多職種協働チームによる統合版の効果モデルを発信していくことで，ともすれば停滞しがちな地域移行支援を少しでも前進させられればと考えています。

(9) 地域を変革する

しかし一方で，地域移行支援の取り組みには大きな地域格差があります。効果モデルが示されても，各病院・各地域・各自治体による取り組みの差は歴然としてあります。都道府県により，地域移行支援・地域定着支援の実施状況には大きな格差があることは，ご存知の通りです。

本書が提案するプログラムをより効果的に活用するためには，個々の圏域状況に応じた支援体制の組み立てが必要です。そのため，本書では，地域移行支援を実施する圏域内の組織体制・チーム形成状況ごとに「ステージ（期）」を設けて，効果的支援を展開するための戦略を検討することとしました（第Ⅰ部第4章・第Ⅲ部）。

第Ⅰ部では，長期入院患者の退院促進について，その歴史的背景や地域移行支援の現状，効果的支援を実践するためのモデルとプログラム理論の解説，各地の状況を踏まえた地域移行のステージについてまとめています。

また，本書全体を通じて，これまで研究プロジェクトに参加していただいた各地の実践者・当事者の方々にコラムを寄せていただき，随所に挿入しています。各現場から発せられた地域移行に取り組む実践の息吹とリアルな言葉は，読む方に多くの力とヒントを与えてくれるでしょう。ぜひ，お目通しいただければと思います。

それでは，第1章，まずは背景にあるものを振り返るところから始めましょう。

第Ⅰ部

長期入院者の退院促進とは？

背景を知る

精神科病院から退院できない！

1　退院促進と地域移行　精神科病床の多い国，日本──────────

　本書では，精神科病院に長期入院されている人々の退院を進める手立てを提案しています。

　しかし，そもそもなぜ，精神科病院に長期入院している患者さんが多いのでしょう？　なぜ，「退院促進」や「地域移行」が課題になってきたのでしょう？

　その背景には，日本特有の精神医療政策の歴史が背景にあります。

　図1-1は，世界各国の精神科病床の推移を示したものです。1960年代から1970年代にかけて，欧米先進国をはじめ多くの国が精神科のベッド数を減らしてきました。「脱施設化」[*2]の理念のもと，大規模な公立精神病院に収容され

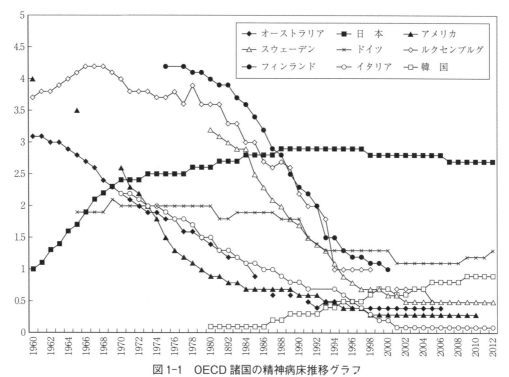

図1-1　OECD 諸国の精神病床推移グラフ

注：人口1000人あたりのベッド数を示す。

出所：OECD Health Data 2012 Version をもとに筆者（古屋）作成。

ていた精神障害者を地域に移行して，地域精神医療・コミュニティケアで支援していくスタイルに変わっていったのです。

　同じ時期に，日本だけは精神科のベッド数を増やしています。1991 年にピークを迎えますが，その後も脱施設化の流れは緩慢なままで，精神科病床は微減にとどまっています。今，精神障害者の「退院促進」が語られているのは，日本の精神科医療の歴史的な負の遺産を整理し，その債務をどのように返していくのかが課題になっていることによるものです。「退院促進」を語る前に，国の隔離収容政策による長い“入院促進”の歴史があったことを踏まえる必要があります。

2　日本特有の歴史的背景

国の隔離収容入院政策

　日本は戦後，1950 年の精神衛生法の制定から，一貫して精神障害者の隔離収容入院政策を推し進めてきた“入院促進”の歴史があります。

　精神衛生法が制定されたときの国会議事録を見ると，「苟（いやしく）も正常な社会生活を破壊する危険性のある精神障害者全般をその対象として含め」「長期に渡って自由を拘束する必要のある精神障害者を精神病院または精神病室に収容することを原則とした」とあります。本人の治療ということではなくて，社会から隔離し，収容することを目的とする強制入院手続きを定めた法律として，精神衛生法は出発しました。これが現在の精神保健福祉法にいたるまで，精神障害者施策のすべてのベースになっています。

　法律をつくっただけでは精神病院は増えないため，国策として精神病院[*3]を増設する方策が打ち出されました。1958 年には精神科特例が設けられ，精神科の医師数は他の診療科の３分の１，看護師については３分の２でかまわないとされ，他科に比べて少ない人員配置があたりまえになりました。1960 年には医療金融公庫法により，超低金利の融資がなされることになり，これ以降精神病院の開設が相次ぎます。今ある精神科の病院のうち，５分の４ほどがこの時期に開設された病院です。

memo --

　＊2　「脱施設化」は，閉鎖的施設に長期収容され集団生活を送るなかで生じる「施設症」の弊害に着目して，大規模な収容施設を縮小・廃止する考え方や運動をさします。障害者も地域社会で普通に暮らすことを追求するノーマライゼーションの原理に基づくものです。

　＊3　従来使われてきた「精神病院」という用語は，差別と偏見を助長するとの理由から，2006年の「精神病院の用語整理法」により，法律用語としてはすべて「精神科病院」という用語に置き換えられましたが，本書では歴史的記述に関する事柄はそのまま「精神病院」を使用しています。

　国は精神病院への患者収容策も矢継ぎ早に打ち出しました。1961年，措置入院費の国庫負担の引き上げとともに，厚生事務次官通知（当時）で，生活保護を受けている同意入院患者[*4]たちの措置入院[*5]への切り替えが指導されます。保護者が医療費を負担しなくてもよい，国が医療費を負担する「経済措置」と呼ばれる措置入院患者が急増し，全入院患者の4割近くに達しました。これに合わせて精神科病床も増え続け，長期入院者の増加でベッドが足りないためさらに増床され，そのベッドをまた患者が埋めていきました。向精神病薬の普及により，早期の病状鎮静化が可能となり，患者管理が容易になったことも背景にあります。少ないスタッフ数で，とくに治療的な働きかけもないまま，入院が長期化し精神病床が増え続けるという，精神病院の拡大再生産の構造ができあがりました。

入院促進と長期在院化

　欧米諸国が脱施設化を推し進め，多くの精神病院を廃止し地域でのコミュニティケアを志向していった1960年代に，日本では「ライシャワー事件[*6]」が起き，むしろ精神障害者を入院させて隔離収容するべきという世論が高まります。その結果，1965年に精神衛生法が改正され，精神科病床はさらに増え続けることになりました。

　1984年に「報徳会宇都宮病院事件[*7]」が起きるまでの約30年間，日本の精神保健にかかわる法制度は何も動きがありませんでした。それまでも精神病院における不祥事件は後を絶ちませんでしたが，宇都宮病院事件により，精神科医療の実情が広く知られることとなり，国内で大きな問題になっただけでなく，国連の人権委員会で日本の精神医療の悪しき状況，精神障害者が人権上きわめて劣悪な環境に置かれている状況が報告され，国際的に大きな批判を浴びることとなりました。国としても法律を改正せざるを得なくなり，1987年に従来の

memo ------------------------------------

　＊4　「同意入院」は，本人の同意がなくても保護義務者（のちに「保護者」）の同意で入院させられる強制入院制度で，現在の法律では「家族等」の同意に基づく「医療保護入院」にあたります。
　＊5　「措置入院」は，自傷他害のおそれのある患者に対して，都道府県知事や政令市長が行政措置で入院させる強制入院制度です。全精神科病院入院患者に占める現在の措置入院率は0.5％ほどですが，この当時は38％に達していました。
　＊6　1964年3月，ライシャワー駐日アメリカ大使が，精神科治療歴のある19歳の少年に都内で刺された事件です。東京オリンピック開催を控えていた時期でもあり，マスコミや世論の多くは「野放し精神病者対策」を求め，政府は「異常者施設増強の方針」を決議しました。
　＊7　1984年3月，入院患者2名が看護職員の暴行により死亡した事件報道を皮切りに，患者へのリンチ虐待の常態化，暴力的恐怖支配，強制労働，生活保護費の業務上横領等が次々と明らかになり，事件発覚前の3年間で計222人の患者が病院内で死亡していました。

精神衛生法は精神保健法に改正され，本人の意思に基づく「任意入院」制度が初めてできました。しかし，それまであった同意入院は「医療保護入院」と名前を変え，措置入院はそのまま残り，本人の意思によらない強制入院をベースとした法律体系は今日にいたるまで変わっていません。

　1993年，障害者基本法の改正により，それまで医療の対象として「患者」と位置づけられていた精神障害者は，初めて「障害者」として福祉の対象として認められました。これにより，1995年に精神保健法は精神保健福祉法に改正され，精神障害者保健福祉手帳が創設され，市町村が精神障害者の相談援助にあたるという役割が明示されました。また，1999年の精神保健福祉法の改正により，初めて地域での居宅生活支援が法文化され，2000年から施行となりました。1950年の精神衛生法から長期隔離収容政策の対象であった精神障害者が，ようやく半世紀を経て，生活支援を受けながら地域で生活することが制度上もあたりまえのことになりました。

　しかし，ここまでの長い施策の遅れもあり，精神病院には超長期にわたって入院生活を続ける患者たちが取り残される結果となりました。2018年現在，病院に入院している人たちの年齢分布を見ると，40歳未満の入院患者数は非常に少なく，50歳以上の入院期間を見ると，20年以上の人がかなりいます。高齢者にあたる65歳以上も年々増え続け，すでに全入院患者の6割以上の人々が高齢者となっています。そして，2011年以降は全国で年間2万人を超える人々が，精神科病棟のなかで亡くなる事態になっています。

3　なぜ退院ができないのでしょう？

　第2章で述べるように，国がいろいろな施策を展開しながらも，なぜ退院できないのかが大きな問題です。「受け入れ条件が整えば退院可能な患者群」の数も，ずいぶん幅があります。この人々の多くは，病状はある程度改善しており，入院を継続する必要がない，にもかかわらず住む家や地域生活のための支援が得られないために退院できないで入院生活を継続している「不適切な入院」の状態，いわゆる「社会的入院[*8]」の状態にあります。

　長期入院している精神障害者が退院できない「退院阻害要因」について論じ

memo--

　＊8　「社会的入院」は，「主として『社会的理由』により入院継続中で，適切な地域の受け皿（社会資源）があれば退院可能な者」と定義されています（大島ほか 1991）。その他にも，いくつか定義がありますが，社会的要因により退院できないまま長期にわたる入院を継続している患者群をさすと理解されています（松本 2003，田村 2003）。厚生労働省の検討会等では，「受け入れ条件が整えば退院可能な患者群」という言葉に置き換えられています（古屋 2015a）。

ることは，本書の目的ではありません。ここでは，いくつかの複雑に絡み合っている要因をあげておきます。[*9]

❶　患者の要因

　長期入院している患者については，「帰る場所がない」「支援してくれる人がいない」「本人に退院意欲がないから仕方がない」「本人の生活技能が低下してしまっている」「地域での生活はもう無理」「病識が乏しい」「服薬を中断する恐れがある」「病状が再発するリスクが非常に高い」「長年の入院生活で『施設症』[*10]化している」「意欲や能力も低下している」等が言われています。

❷　家族の要因

　家族については，「両親が高齢化している」「核家族化している」ことにより，「家族の支援が得られない」点が強調されてきました。精神障害者を抱える家族は経済的に貧困であり，退院する入院患者を引き取ることはなかなか難しいことが多いと言われています。

❸　病院の要因

　「病院にマンパワーが乏しい」「多職種の連携が不足している」「PSW（精神保健福祉士）が機能していない」「病院の職員の退院支援意欲が乏しい」「何をやっても無理という諦めムードが蔓延している」「病院に早期退院に向けてのシステムが存在しない」「退院できなくても責任所在が不明確」「病院が地域から孤立している」「外部の人は病院のなかはわからず，病院の職員もエリアにある社会資源を何も知らない」「何もしていないから，退院支援の方法もわからない」という院内システムと職員の意識にかかわる問題があります。

❹　地域の要因

　地域の側の問題としては，「居住福祉資源がない」「アパートを契約したくても，紹介してもらえない」「物件が空いていても，保証人が得られないため借りられない」「地域で支援の中心になるケースマネジャーと呼ばれる人が今まで

memo --------------------------------

　＊9　退院阻害要因については，これまでにもさまざまな研究成果がレポートされていますので，そちらを参照してください（蓮井ほか 2003，朝野ほか 2011，古屋 2015a，杉原 2019 など）。ここでは，いくつかの要因が絡み合っており，入院を継続することによって利害が一致する構造がある（印南 2009）ことを指摘するに留めます。

　＊10　「施設症（インスティテューショナリズム）」とは，治療を理由として拘束的な閉塞状況が永続された結果，その対象者が受身的・依存的にならざるを得ず，徐々に退行していく状態をさしています。荒廃状況をつくり出した施設側の環境に要因があること（猪俣 1985）を強調した言葉です。病院の職員がよく口にする「ホスピタリズム」も施設症の訳語ではあるのですが，「病院なれしている」患者側の問題として評価する言葉です。患者に問題を還元してとらえるか，むしろ環境面の問題としてとらえるのかで，大きな違いがあります。

いなかった」「法人内で完結していて，他法人と連携できていない」「病院と連携しての退院支援の経験が乏しい」等の問題があります。

❺　行政の要因

現行法が強制入院手続きを中心に組み立てられており，「国策として入院促進を長年行ってきた」結果，未だに退院促進にいたる施策が法定化されていないことや，「診療報酬制度上，入院患者がいれば病院が成り立つようになっている」こともあり，病院を経営する側からすれば，積極的に退院させる理由がないことが，政策上の大きな問題です。

退院・地域移行を進めるうえでは，上記のような阻害要因を少しでも取り除いていく必要があります。退院・地域移行に取り組むスタッフが，見方を変えていくことも必要です。当の入院患者が少しでも退院したいと思ってくれないと支援が進まないので，スタッフによる患者へのていねいなかかわりが大切です。また，個人の問題に還元するのではなくて，退院を可能とする環境をコーディネートしていく作業をどこかで組んでいかなければなりません。基本的には，本人ができることを少しでも増やしていくようなかかわりが求められます。スタッフ側も，できない問題点を挙げて退院を絶望視するのではなく，本人ができることを少しでも増やしていくようなかかわり方が求められていると言えるでしょう。

■第1章のまとめ
・精神科病院に長期入院者が多いのは，長年の隔離収容入院政策の結果である。
・度重なる法改正にもかかわらず，精神科病院は長期化した入院者であふれている。
・退院できないまま精神科病棟のなかで高齢化し，死亡していく患者が増えている。
・退院できない理由には，患者・家族・病院・地域・行政の諸要因が絡んでいる。

コラム1

「継続は力なり」──秘めた想いを実現するために

澤野文彦

復康会沼津中央病院　精神保健福祉士

　1995年頃の話です。60才代前半の男性が入退院を繰り返し，通算30年の入院になってしまいました。

　夏の暑い日，父親が亡くなり，1週間ほどして彼と話していたところ，「退院したい」との思いを話してくれました。それまで彼はその言葉を話したことはなく，心の奥底にしまっていたようです。彼と主治医と私で自宅を見にいき，帰りに主治医の提案で，喫茶店に寄り宇治金時を食べ，高台から街の風景を見渡しました。その時の光景は20数年経過した今でも昨日のことのように思い出されます。

　現在のように色々なサポート体制はありませんが，父親が残してくれた家と彼の退院したい気持ちと，さまざまな人がつながり退院されました。その後，私は訪問型支援を行い，受診時に顔を合わせ，関係者が彼の築50年の家に集まり，ケア会議を開催しました。病院では見ることがなかった笑顔や，生活を楽しみ自分のペースで生活している彼を見続けることで，私は「退院してよかった」という感覚と「その人らしい生活を送る」ことの意味を知る機会となりました。

　私は働きかけをしていたわけではなく，彼を取りまく環境の変化から，自発的に「退院したい」と奥底に秘めた気持ちの表現と，その実現のお手伝いを少しだけできたのだと思います。

　今もなお，彼のように「退院したい」気持ちを奥底に秘めている方が精神科病院にはいらっしゃると思います。いつから諦めてしまったのか，諦めないと日々を過ごしていられない気持ちは想像を絶します。

　私の所属する病院は1960年代より「地域精神医療」を打ち出し，保健師さんの勉強会開催，訪問型支援の実践や社会復帰施設をつくってきました。退院できそうな方には働きかけをおこない，在宅生活できる環境整備や社会資源につなげる工夫もおこなってきました。また資源がなければつくる，精神保健福祉士が自ら社会資源になる，といったことも実践してきました。

　このような状況のなかさらに長期入院の退院支援を進めるために，病院全体で取り組むチャンスが多く，それを逃さず，院内では病棟や関係部署の係長クラスが参加する「地域移行推進委員会」を組織化し，長期入院者の退院に向けた取組の明確化，退院数の目標設定をしました。圏域では保健所が中心になり退院促進支援事業の協議会を組織化，現在では圏域自立支援協議会地域移行部会として機能しています。いずれもキーマンとして数名の病院や相談支援事業所の精神保健福祉士，保健所担当者がコーディネイトし続け，有効性のある実行可能な支援体制の整備ができるよう協議と行動をしています。

　これらを「継続する」には難しいこともありますが，長期入院している一人ひとりの「秘めた想い」を原動力に続けてきました。少しずつですが形になり，病院を含めた地域が変化してきています。「継続は力なり」を理念に長期入院者の「秘めた想い」を実現していきたいと考えます。

コラム2
病院管理者の立場から見た退院支援

高沢　悟

犬山病院　院長

　数年前，古屋龍太教授から退院促進の研究に加わりませんかとのメールが届きました。病院としても長期入院者の退院促進，精神障がい者の地域定着の促進は必須と考えていたので「もちろん参加します」と即答しました。そこで「実践家参画型効果的プログラムモデル形成評価プロジェクト」などの概要をお聞きし，当院での各評価項目を検討して愕然としたわけです。福祉施設やデイケアなども長く運営し，比較的地域への活動を実践していると思っていたので，多くの点で達成できていないこと，とくにピア活動についてはほとんど手付かずであったことにショックを受けました。

　当院は愛知県尾北部にある精神科単科病院で，愛知県北部から岐阜県東南部を医療圏にもっています。周辺にはあまり精神科の医療資源がなく，黙っていても患者さんは来たので，とくに地域への積極的な発信も乏しいまま，精神科病院ならではの「自閉的」な運営をしてきたといえます。もちろん保健所や福祉機関とのやり取りはありましたが，あくまで精神科「医療」の内側での話でした。退院促進，地域定着を考えたとき，住居やその人を抱えるコミュニティをどう整えてゆくか，医療への適宜・早急なアクセスの手段，その人の生活を支援する具体的な方法といったことは，実はそれほど知識やスキルがないということに気づきました。職員も病棟や外来，せいぜいデイケアでの患者さんの姿を見るだけで，その人がどんな人たちとどんな生活をして，何を大切に生きているのか，そういった同じ生活者としての視点・感覚は意識することなく「業務」に当たっていたのです。病院が「医療モデル」であることは当然ですが，それゆえ機能の低下あるいは喪失，生活の困難といった"できない部分"の改善や援助を中心にとらえていました。"ストレングス・モデル"は頭では理解していても本当に患者さん（当事者）の価値に沿って支援する，要するに"信じる"ことに慣れていないため，病棟などの医療現場と退院後の生活のギャップを埋める想像力がもてない状態でした。これらを，長期入院を容認してきた日本の収容主義政策の弊害と非難することは容易ですが，問題はその結果，我々医療関係者も患者さんとその家族でさえも，「自分たちが普通に生活できる，そしてそれが周囲を変えてゆく」という感覚（アフォーダンスといってもいいような）を失ってしまっていたという現実だったと思います。

　こんな例がありました。精神症状のため自分の家族を死に至らしめてしまい，措置入院となって，その後長期入院となった男性の患者さんがいました。すでに開放病棟で生活を送り大きな問題もないため，退院促進事例として行政や社会福祉協議会などと連携して地域移行を進めていくことになりました。しかし，施設入所の段階になって，施設側に何度も病状安定を説明しても快諾を得られず難渋，後で行政の担当者の方が打ち明けて下さいましたが，実はこの症例が出された当初で「ああ，この病院は（退促を）やる気がないな」と話したそうです。結果的にこの方はアパート暮らしを始め，寂しい寂しいとは言いつつも元気に暮らしているのですが，この方の退

院促進妨害因子は症状や生活能力などではなく，我々福祉・医療従事者そして地域住民の予断と信じる能力の欠如だったと言えるものでした。

　地域移行・定着，退院促進，コミュニティで支える，いずれも重要かつ大切なことです。しかし，多忙な日常臨床のなかで，行政，福祉関係の方々や外部の支援者と意見交換をしながら，個別事例に関してカンファランスを頻回に開催することができるでしょうか。そもそも考え方や発想の異なる集団で一定の合意に至るまでは長い時間がかかるものです。第一，退院して生活する患者さん本人の意思や考え自体が揺れ動くのですから，当事者を支えながらこれだけの集団をコーディネートするのは高いスキルと労力が必要です。そういった努力には明確な経済的保証もなく（とくに施設が複数にわたり，住民の方の理解が必須の場合など）誰が一体この「仕事」に対価を払うのか，責任を取るのかが不明確のまま，熱意と使命感が原動力です。それは不調なときにはたちまち諦観と無力感に変容します。障がいの有無にかかわらず，自助・共助，地域で支えるという政策を掲げる国は，こういった現場の状況をどのくらいわかって地域移行・定着を推進すると言っているのでしょうか。自治体の権限を認めて地域特性にあわせてプランを立てるようにということのようですが，地域格差ばかりでなく混乱と機能不全をもたらすかも知れません。地域のなかで精神医療・保健をしっかりと定着させるためには，サービスを受けている当事者，家族，その代弁者となり得る医療・福祉関係を含む支援者が，自分たちの役割，社会的義務として発言していく必要があるでしょう。そのためにもピア活動や，ピア活動に対する理解が大切な要素になります。

　私たちのような民間病院が精神科医療の多くを担っている国は稀です。多くの場合，精神保健システムは地域ごとの公的システムが主体で，わが国のような自由競争ではありません。地域医療構想によって人口ごとの医療資源を制限する方向が打ち出されていますが，自由競争のなかでそれぞれの医療機関や福祉機関が運営をしながら協働するのは綱渡り的な困難を伴うでしょう。一方で，精神科救急体制は相変わらず貧弱です。すべてを精神医療化するな，という批判の一方，せめて普通の医療体制並に精神科医療を底上げしてほしいという要請も根強いです。24時間の精神科救急（ソフト・ハードの）と地域定着・支援は"普通の精神科医療"の屋台骨だと思います。しかし，都市部や一部の熱心な医療関係者のいる地域以外では実現できていません。5大疾病に精神疾患が数えられ，国民の健康寿命の維持が重要とされているのにもかかわらず，精神医療の一般医療との格差は解消されるばかりか増大しているといえます。"普通に"生活できれば，精神障がいをもった人も「普通」になれるに違いありません。そして，お互いに自分の生活に対する意思決定を尊重しつつ，対話を続けられるようにしたいものです。

　発刊が遅くなった間に，当院でもピア・スタッフ（常勤のピア・ワーカーと非常勤2名）の導入ができました。ピア・スタッフが「普通」に病院にいて，いっしょに仕事ができる……日本中がそんなふうになっていったら，と思っています。

　COVID-19の流行に伴い，私たちの日常も変化を求められています。ピンチをチャンスに，大きく発想を変えてゆくきっかけになるかもしれません。

第 **2** 章

支援の現状
退院促進から地域移行・地域定着支援へ

1　退院促進支援事業の開始

大阪府の社会的入院解消研究事業

　退院促進への流れは，2000 年に入ってから大阪府がまず先鞭をつけました。大阪では「大和川病院事件」[*11] があり，宇都宮病院と同様の入院患者虐待死亡事件が起きていました。病状の問題ではなく社会的な条件で入院している患者が多くいるという状況を容認すること自体，むしろ人権問題であると，大阪府の行政は積極的に社会的入院解消のモデル事業を始めたのです。

　保健所がコーディネートの中心となって自立支援促進会議を設けて，府内に28 人の支援職員を雇用し，病院から推薦があった長期在院患者について「地域から迎えにいく」という個別支援を実施しました。この同行支援を 3 年間，97 人を対象にねばり強くおこない，約 55％，54 人の方の退院に結びつきました。ずっと退院できないでいた長期入院患者でも，やりようによっては退院して地域で生活していくことができるという実践を示したのです（萩原 2019）。

国の退院促進支援事業

　この実績に国も注目して「精神障害者退院促進支援事業」というモデル事業が 2003 年度からスタートしました。対象は精神科病院に入院している精神障害者のうち，症状が安定しており，「受け入れ条件が整えば退院可能な者」とされました。

　この事業の実施主体は都道府県です。委託を受けた地域生活支援センター（当時）等が，自立支援員（のちに地域移行推進員）を配置して，協議会を月 1 回以上開催して対象者を決めます。対象者は病院から推薦があった人です。プラ

----

memo

＊11　1997 年，安田会系列 3 病院の職員による内部告発で，職員数水増し，不正診療報酬請求などが次々と報道されました。同系列の大和川病院では，1968 年，1979 年，1993 年にも患者虐待死事件が起きており，入院患者に対する非人間的な扱いと暴力的支配の内部の状況が徐々に明らかになりました。最終的に安田会系の 3 病院はすべて廃院に至りましたが，それまでの医療監視で偽装工作を見抜けなかった大阪府行政の責任も問われました。

ンを練り，実際に何度も病院を訪れ，本人と信頼関係を築きながら外出の同行支援をします。要綱上，退院訓練は原則 6 か月以内となっていましたが，やはりこれでは限界があります。6 か月で本当に退院できるのか，退院後 1 か月で支援を打ち切っていいのか，という問題がありました。この事業は 2008 年度から「精神障害者地域移行支援特別対策事業」に格上げされ，「退院促進」という言葉に代わって，「地域移行支援」の用語が定着していきます。[*12]

拡がらない退院促進

当初，退院促進支援事業を実際におこなうか，それに自治体として予算を組むかどうかは，各自治体側の裁量に委ねられており，なかなか事業は拡がりませんでした。都道府県と地元の精神科病院の関係で言えば，病院側の反発を招くことに行政側が尻込みしていたという経緯もあります。

また，県内で実際にこの事業を委託できる事業所が少ないということもありました。退院後に受け入れる地域の支援体制がその自治体内にできておらず，事業内容に対する理解不足もありました。事業を受託しても病院スタッフ側の理解不足もあり，協力関係を築くことができず難しい状況でした。

実際に県がやる気になって，「お金はとにかく支出するのでなんとか事業所のほうでやってほしい」ということになっても，地域生活支援センターの職員が，具体的にどのように支援を進めるのかというノウハウがまったくない状況でした。国はその事業の実施要綱を示していますが，具体的な手順は何も示されていませんでした。つまり，事業の運営マニュアルが何もないところで実施が促され，各地の事業所は，手探りで地域移行支援の方法を模索していたのが実情です。

このような事業を打ち出し，2006 年から施行された障害者自立支援法（後の障害者総合支援法）も使い，診療報酬でも経済的な誘導をしていますが，モデル事業のときからの数を含めても，この事業で退院をしたのは 8 年間（2003〜2010 年）に全国で 3,678 人とされています（杉原 2019，萩原 2019）。仮に国が当初の退院目標として掲げた 7 万人を一つの基準に考えると，国の目標達成率はわずか 5.2％ということになります。

memo ⋯⋯⋯⋯⋯⋯⋯⋯⋯⋯⋯⋯⋯⋯⋯⋯⋯⋯⋯

＊12　退院を決めるのはあくまでも病院の主治医であり，その退院を地域の機関が促進するのはおかしい，との精神科病院側の主張もあって，「退院促進」という用語は下ろされました。一方，退院はあくまでも地域に移行する最初のゲートに過ぎず，最終ゴールではありません。その人が退院を果たし，地域に移行し，地域で定着して生活できるようにしていくのが目標だという地域機関側の意識からしても，「退院促進」という言葉に違和感はあったと言えます。これらの背景から，障害者福祉の分野では「地域移行支援」という言葉がその後定着していきました。

2　地域移行支援特別対策事業の展開────────────

国の検討会が記した「反省」

　「地域移行支援特別対策事業」に格上げされた 2008 年から，厚生労働省内に「今後の精神保健医療福祉のあり方等に関する検討会」が設置され，翌年 9 月に報告書がまとめられました。新しく打ち出されたスローガンは，「地域を拠点とする共生社会の実現」でした。その「基本的な考え方」の冒頭部分には，「現在の長期入院患者の問題は，入院医療中心であった我が国の精神障害者施策の結果であり，行政，精神保健医療福祉の専門職等の関係者はその反省に立

表 2-1　国の退院促進・地域移行・地域定着支援施策の流れ

年度	主な施策内容
2000 年度〜	大阪府の「社会的入院解消研究事業」開始
2003 年度〜	国の「精神障害者退院促進支援モデル事業」開始
2004 年度	厚生労働省精神保健福祉対策本部報告「精神保健医療福祉の改革ビジョン」で「受入条件が整えば退院可能な精神障害者」7 万人余の 10 年後解消を宣言
2005 年	障害者自立支援法（2006 年 4 月施行）。精神保健福祉法改正
2006 年度〜	「精神障害者退院促進事業」を全国実施
2007 年度〜	自立支援法下「精神障害者退院支援施設」を新設
2008 年度〜	「精神障害者地域移行支援特別対策事業」に事業を格上げ
2008 年度	診療報酬改定による地域生活移行取組評価
2008 年度	厚生労働省今後の精神保健医療福祉のあり方に関する検討会の報告書「精神保健医療福祉の更なる改革に向けて」を公表
2009 年度	「改革ビジョン」後期 5 ヵ年重点施策群策定
2009 年度	厚生労働省「新たな地域精神保健医療体制の構築に向けた検討チーム」
2010 年度〜	「精神障害者地域移行・地域定着支援事業」に事業変更
2011 年度〜	「精神障害者アウトリーチ推進事業」開始
2012 年度〜	地域移行支援・地域定着支援，障害者自立支援法による個別給付化
2013 年度	障害者自立支援法，「障害者総合支援法」に改称。精神保健福祉法改正
2014 年	厚生労働省「長期入院精神障害者の地域移行に向けた具体的方策の今後の方向性」で「精神科病棟転換型居住系施設」が打ち出され紛糾
2015 年	特例グループホーム「地域移行支援型ホーム」誕生→開設ゼロ
2015 年	障害者権利条約批准
2015 年	厚生労働省「障害者総合支援法施行 3 年後の見直しについて」
2016 年	障害者総合支援法改正（2018 年 4 月施行）
2017 年	厚生労働省これからの精神保健医療福祉のあり方に関する検討会報告書で「精神障害にも対応した地域包括ケアシステム」構築を提案
2018 年度〜	自立生活援助開始

出所：筆者（古屋）作成。

つべき」という文言が記されました。2006年に国連総会で採択された障害者権利条約を踏まえて，精神障害者についても地域共生社会をめざすということが打ち出されたのです。また，長期入院患者の退院促進を進める一方で，新たな長期入院，ニューロングステイと言われる人をこれ以上生み出さない精神医療を展開していくことを提言しています。

　ちなみにこの報告書のなかで（2009年時点），「受け入れ条件が整えば退院可能な患者群」は精神科入院患者約31万人中，7万6000人と推計されています。つまり全入院患者の約4分の1は社会的入院に近い状態にあると国が認めたことになります。

地域移行・地域定着支援事業へ

　その後，2010年度から，精神障害者地域移行支援特別対策事業は「精神障害者地域移行・地域定着支援事業」に再編されました。これまでの地域移行推進員と地域体制整備コーディネーターの配置に加えて，精神科に未受診の人や治療を中断している人など，在宅で暮らしている精神障害を有する人に対して，支援をおこなっていく体制をつくっていくことと，精神疾患を有する人への早期対応をおこなうための事業内容が加わりました。各地の実践でも明らかになっていたピアサポートの有効性が評価され，その活動経費が計上されるようになったのは一歩前進と言えます。

　しかし，同じ都道府県のなかでも，精神科病院と地域事業所との連携調整や情報共有，ピアサポーターの育成については，事業の実施件数に大きな圏域差も生じており（小川 2018），マクロな政策レベルの変革と地域のメゾレベルの取り組みが求められています。

3　個別給付化の影響　訪問調査を踏まえて――――――――――――――――

　国および都道府県の補助金によって委託運営されていた精神障害者地域移行・地域定着支援事業は2011年度末をもって打ち切られ，2012年度より障害者自立支援法（2013年度より障害者総合支援法として施行）における個別給付のうちの地域相談支援として継続されることとなりました。どの病院に入院していたとしても障害福祉サービスの一つとして利用できるようになり，市町村に申請があればサービスを受けるための手続きがおこなわれることとなりました。

　しかし一方では，個別給付化による課題もいくつか挙げられます。ここでは，筆者らが調査や意見交換会を通じて実践現場の人々と共有した個別給付化による課題を挙げます（古屋ほか 2014，中越 2016）。

❶　相談支援事業所の経験知

　個別給付化に伴い，それまでの地域移行支援は地域定着支援とともに，都道府県の指定を受けた相談支援事業者（指定一般相談支援事業者）がおこなうこととなりました。これまで精神障害者の退院支援の経験がない事業所でも指定を受けることで地域移行支援が可能になりましたが，指定は受けていてもうまく稼働していない，実際には地域移行支援をおこなっていない事業所も多くあります。その結果，病院からの連絡は経験豊富な相談支援事業所に集中し，障害福祉サービスとしての地域移行支援の拡がりに限界が生じています。

❷　モチベーションサポート

　精神障害者地域移行・地域定着支援事業では，退院を希望していない人や希望していても退院に不安を抱え，日々気持ちが揺らいでしまう人に対しても，事業を受託した地域の事業所がモチベーションサポート（退院に向けた働きかけ）をおこなうことができていました。その結果として，病院職員の見立てでは支援の俎上に乗らなかった人が退院支援の対象者となり，退院者数を増やしていた面があります。しかし，個別給付化後はサービス利用申請前のモチベーションサポートに対して報酬はついていません。つまり，地域事業所が無報酬でモチベーションサポートをおこなうか，あるいは病院のみで支援をおこなうしかなくなっています。病院のみの退院支援では限界があったがゆえに社会的入院の解消が進まず，精神障害者地域移行・地域定着支援事業が始められた経緯を考えれば，この制度設計のまま利用者を増やすことが困難であることは明白であり，地域の事業所の使命感や善意に期待しすぎていることは否めません。

❸　手続きの煩雑さ

　モチベーションサポートによって，退院を考えることができるようになったとき，入院中の患者がサービス利用申請をする必要があります。ここに，本人にとっても病院職員にとっても煩雑な事務手続きが生じます。申請者のなかには，申請をしたからには絶対に成功（退院）しなければならないと考えたり，手続きにかかわる関係者に遠慮したりして，サービス利用の中止を申し出ることのできない人々もいたようです。また，病院職員にとっても，サービスを使うことで手続きが増えてしまうこととなり，「手間のかかるサービス」であるようです。

　上記のような課題に加えて，相談支援事業所の運営にかかわる報酬単価の課題も大きい課題です。個別給付となった地域移行支援では，指定一般相談支援事業者に利用者１人あたり決められた報酬が支払われます。しかし，専任職員を配置することは報酬単価の水準上困難であることが，実際の比較によって示

されています（柳瀬 2015）。また，相談支援は地域相談，計画相談，委託相談に分離されており，担当する職員にも大きな負担となっています。

　入院患者の退院・地域移行を果たしていくために，十分な専従スタッフ配置が可能となるような報酬基準が示されず，各事業所は苦しい運営を迫られました。また，モチベーションサポートが，支援のプロセスから外れてしまい，自ら「退院したい」と表明した入院者との契約に基づきスタートすることとなったため，事業利用者数はかえって減少しました。個別給付化の制度設計上の瑕疵があったと評価せざるを得ません（萩原 2019）。

　補助金事業に代わって登場した「地域移行支援」ではありましたが，複数のメリットがある反面，利用者に負担がかかったり，実施する相談支援事業所の存続にかかわるような課題も浮き彫りになっています。

　一方で個別給付化は，義務的経費の負担と支給決定という市町村の責務を前提に，地域移行支援に取り組む市町村の姿勢が問われることとなりました。市町村の取り組み実態には大きな格差がありますが，適切な支給決定とともに，地域の支援体制構築のために関係者の連携の場を構築し，市町村が積極的に参加していくことが求められているのです（小船・古屋 2018）。

4　地域移行支援・地域定着支援の現状と課題

地域移行支援・地域定着支援の現状

　具体的な統計で見ると（図 2-1），地域相談支援（地域移行支援・地域定着支援）における，地域移行支援の利用申請は 2012 年 4 月時点で全国 216 件でした。その後 2015 年に 500 件を超えてからは利用者数も大きく増加せず，2019 年 4 月時点で全国延べ 677 件であり，微増傾向にとどまっています。2019 年 4 月時点の都道府県別申請数を見ても，最も多い所で 127 件（東京都）であり，最も少ない所は 2 件（茨城県，熊本県，山口県，秋田県，富山県，福島県）と都道府県格差が著しい状況にあります（厚生労働省資料）。2018 年の調査（精神保健福祉資料）で 1 年以上の精神科病院入院者が 17 万人を超えている現状を考えれば，明らかに利用率が低いことが課題と言えます。

　そして直近のデータを見ると，2020 年 3 月以降の件数は大きく下降します。新型コロナウイルス感染症（COVID-19）の影響により，病棟での面会禁止，病院外への外出禁止などの制限が生じたためと考えられます。新型コロナウイルス感染症の感染状況は，各地の地域移行支援の展開に甚大な影響を及ぼしています。しかしながら，数か月でこれほど利用者の増減があることについては，社会的環境の影響をきわめて受けやすい不安定な事業であるということでもあ

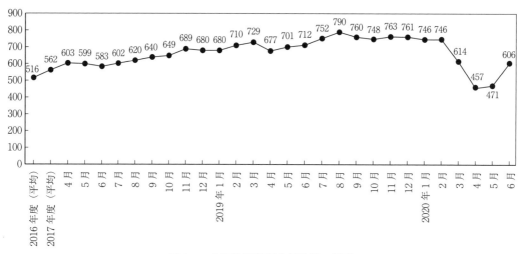

図 2-1　全国地域移行支援件数の推移
出所：厚生労働省資料をもとに筆者（高野悟史）作成。

り，今後ていねいな検証が必要であると考えられます。

申請制度の限界

　地域移行支援は申請制度であり，入院者本人が利用申請をしなければなりません。

　しかし，実際に長期入院者が地域移行支援を利用申請するためには，制度サービスや社会資源に関する情報を知り，自らそれらの資源にアクセスする方法・手段を持っていることが必要です。また，入院している本人が「退院したい（利用したい）」と希望を表明することを，地域移行支援利用の条件としている自治体も少なくありません。そのうえ，地域移行支援を実施する相談支援事業者が少ないことや，相談支援事業者のなかには地域相談支援を登録しても実践することはない事業者もいまだ多く存在しています。都道府県が地域相談支援に関する研修を実施するなど，実務者を養成する取り組みは続けられていますが，いまだ申請数や実績は微増にとどまっています。

現行制度の課題

　また，地域移行支援は入院者の入院前住所地の自治体が優先的に支給決定をすることが通達されています。これまでの長い経緯のなかで長期入院者は病院に住民票を移していることもしばしばあり，制度利用をより複雑にさせています。また，病院所在地が必ずしも入院者の住民票地にあるわけではないことから，自治体を越えて入院をしている場合も多く，精神科病院が集中している自治体とまったく病院がない自治体では，問題のとらえ方も対策も異なります。

　その結果，病院と相談支援事業者とが，場合によっては別々の自治体にあることで齟齬が生じやすく，利用が進まない原因の一因となっています。

　2018 年度の精神保健福祉資料によれば，1 年以上の入院者における都道府県および市区町村別の長期入院者数は，病院所在地と患者住所地において自治体ごとの差がかなりあることが明確です。精神科病院長期入院の問題は，自治体および都道府県や各地域の特性に合わせた精神保健医療圏域で共通の問題意識を持つことが求められ，さらに効果的な実践を共有し協働して取り組む姿勢が必要です。

地域移行支援現場の実態

　筆者らの訪問調査の聞き取りでは，地域移行支援を含む障害福祉サービスの対象者が統合されたことで，地域事業所の専門性や人材育成が整わないこと，基幹相談支援センターの設置が十分に機能されていないことが指摘されています（古屋ほか 2018）。

　また，地域移行支援を受託している事業所の都合などから，利用者は 1 年以上 5 年未満入院の長期入院者が比較的多いようです。逆に障害が重く，より多くの専門的支援を必要とする 10 年以上入院の長期入院者に対しては，地域移行支援の利用にいたらず，病院独自に取り組むか十分な支援が行き届かないまま，病院で生涯を終えていく人も多く存在しているという現状が継続しています。

地域移行支援にかかわる関係者の齟齬

　地域移行支援を利用する人としてどのような人を対象とするかについては，ある種の曖昧さが残っています。その結果，関係者の間で対象層の認識に差が生じ始めているようです。

　例えば，病院側が病院だけで退院支援をすることが困難な人を対象として考えるか，病院だけで退院支援はできるが病院の手間を少しでも軽減する手段としてとらえて考えるかによって，当然，対象が大きく異なってきます。改めて，長期入院者の支援にかかわる各関係者が，機関を越えて長期入院に関する認識を一致させて取り組む必要性と重要性，そして，即効性が大きな課題となっています。

長期入院解消に向けた対策の難しさ

　一方で精神保健福祉法の改正に伴い，2014 年度から精神科病院の医療保護入院者に対して退院後生活環境相談員を配置することが義務づけられました。

新たな長期入院者を生み出さない仕組みとして，急性期医療への転換が進められています。しかし，精神科急性期治療の入院診療報酬上で定められた退院率においても，3か月以内に退院ができない入院者は一定数存在します。病院経営上の問題を理由に，他病院へ転院させる後方転送がおこなわれて入院期間がリセットされてしまうことや，任意入院者の長期入院については，具体的対策がとられていません。病院に対して，地域移行加算や地域移行機能強化病棟などの診療報酬にかかわる施策がとられてきましたが，病院の意識を転換させて，地域の相談支援事業者と密接に連携を進めていく施策が必要でしょう。

2014年の「長期入院精神障害者の地域移行に向けた具体的方策に係る検討会」では，①退院に向けた意欲の喚起（退院支援意欲の喚起を含む），②本人の意向に沿った移行支援，③地域生活の支援の徹底した実施，④精神病床の適正化と，将来的に不必要となる病床の削減といった病院の構造改革が必要とされました。そして，その選択肢の一つとして，退院先の居住の場を確保するために，病院資源をグループホームとして活用する「精神科病棟転換型居住系施設」構想が打ち出され，関係者を二分する議論になりました。[13]この国で，精神科病院からの退院・地域移行を推進することの難しさを象徴するような出来事でした。

5　「精神障害にも対応した地域包括ケアシステム」構築の展開

2017年，厚生労働省は精神障害者のいっそうの地域移行を具体的な政策手段により実現していくために「精神障害にも対応した地域包括ケアシステム」（いわゆる「にも包括」）の構築を提言しました。精神科病院や地域援助事業者の努力だけでは限界があるため，自治体行政を含めて，医療，障害福祉・介護，住まい，社会参加，教育，地域の助け合いなどが，包括的に確保されたシステムをめざすとしています。

そのために，障害保健福祉圏域ごとに，保健・医療・福祉関係者が参加する「協議の場」を設けて，重層的な連携による支援体制を築くこととなりました。

memo --------------------------------

＊13　「精神科病棟転換型居住系施設」は，空床の増えている精神科病棟をグループホームに転用する開設を認め，多数の患者を退院させるという提案です。「病院の敷地内から一歩も出ず，地域移行とは言えない」「終末施設化する」等，当事者団体をはじめとした反対運動がおこり激しい議論となりました。厚生労働省は通知で，精神科病棟をグループホームに転用する特例を定めましたが，時限立法でありながら初期改修費用がかさむことなどから，結局精神科病院からの立候補はありませんでした（古屋ほか 2015）。

政策効果による地域移行数は，2020年度末までに3.5～4.6万人（うち65歳以上は1.9～2.5万人），2024年度末までに7.9～9.8万人（同4.4～5.5万人）という目標数値を掲げています。

　いささか遅きに失した感もあるこの新しい政策が実効性を持つためには，具体的かつ効果的な支援のプログラム化が求められます。せっかく「協議の場」が開かれても，「もう高齢で」「今から社会生活なんて」「できないことだらけで」「やっぱり無理」「仕方がない」と語られるようでは，何も進みません。関係者やそれぞれの機関が，お互いにできることを探しながら，地域移行と脱施設化という目標を共有できなければ，「地域共生社会の実現」は絵に描いた餅になってしまいます。

　従来の「制度モデル」を超えた，病院・地域統合型の「効果モデル」が示す「効果的支援要素」を着実に実行し，関係機関が共有することで，地域移行支援は確実に前に進みます。本書の提案する「実施マニュアル」（第Ⅱ部）と「戦略ガイドライン」（第Ⅲ部）が，「にも包括」構築に向けての足がかりとなることを祈っています。

> **■第2章のまとめ**
> ・国は「退院支援」「地域移行支援」を事業化して施策を推進した。
> ・しかし，長期入院者の退院が大きく増えることはなく，結果を出せずにいる。
> ・障害者総合支援法の「地域移行支援」「地域定着支援」も，実績数が伸び悩んでいる。
> ・現状の制度は問題点も多く，地域移行支援には課題が山積みとなっている。
> ・「精神障害にも対応した地域包括ケアシステム」の構築が打ち出され，各地での展開が期待されている。

コラム3

退院促進〜地域移行・支援にかかわって——和歌山県紀南地域の場合

柳瀬敏夫

やおき福祉会　理事長

　「効果のあがる退院促進・地域定着支援プログラムのあり方研究会」には初期からかかわりをもたせていただいています。自分のなかでは「タイソク」という言葉が定着してしまっていますが，年月とともに制度も実践もかなり変化してきているように思います。

　私たちの和歌山県紀南地域では，市町村組合立の公立病院と連携し，長きにわたり地域移行支援・地域定着支援をおこなってきました。その期間は，「タイソク」以前の取り組みが7年，「タイソク事業」として8年，個別給付となってから7年，合わせて22年となります。

　この間，地域で設置していた精神保健福祉業務連絡会をベースに，「タイソク」が始まってからの協議会活動，地域資源との連携，多職種チームでの個別支援プログラムの提供を通じて，退院可能と思われる人たちの「地域移行」はほぼ達成でき，現在では「高齢化と精神症状を合わせもった退院を拒む（不安の高い）人たちへの支援」が「解決されていない課題」となっています。これらを解決していくポイントとして，高齢者支援資源との連携に加え，障害福祉サービスである「グループホーム」に制度を超えた厚みをもたらしていくことが重要な点であると考えています。

　また，このようなニーズのある人たちにおいては，病院そのものが「安心できる生活の場」となっているため，「退院したい」と思えるまでの支援を病院と地域が一体となってすすめることが必要であると考えています。

　そのほか，障害者権利条約の批准ととともに，人権に関する法令が整備され，行政・医療機関・福祉サービス従事者はじめ，個人領域においても「障害のある方への配慮」が位置づけられるようになりました。しかし，「人権侵害」として問題視され続けてきた「社会的入院＝長期入院」をどのような方法で解消していくのか，具体性は乏しく，制度（予算）はしっかりと支援環境を担保していないように見えます。法令で，「人権」を守ることに遵守義務を位置づけても「人」として尊重し合うためには，各支援職が専門性のもとに，安心して支援を行える環境がなければ，実現していくことは難しいのではないでしょうか。

　さて，私たち地域の大きな変化としては，「地域移行支援事業」から「個別給付」となって以降，「地域移行支援サービス」対象者が減少し，それに代わり，地域移行支援事業での退院が困難となっていた「高齢化」を伴う「長期入院」の人たちに視点が移ったことです。

　2015（平成27）年1月から，このようなニーズに対応すべく，「和歌山県長期入院地域移行促進事業」を展開するようになり，「個別給付」に欠けていた「本人の意思への関わり」を十分に提供できる取り組み（右図）を行いつつ，症状に伴う生活力や対人関係に不安のある人たちを受け入れられる「資源」の課題を地域で共有し，開発に向けた検討を自立支援協議会と連携して，現在取り組んでいるところです。

病院

退院したいという希望があり、
主治医が退院可能と判断した人

不安等で退院を拒否しており、地域生活も不
透明な人への退院意欲喚起を目的とした支援

地域移行支援
サービス
（個別給付）

長期入院精神障害者地域移行促進事業

（コア会議：紀南こころの医療センター　紀
南障害者地域生活支援センター、田辺保健所、
体制整備アドバイザー）

評価項目	小項目		
①退院意欲の喚起のための働きかけ、支援	(1) 対象者本人にとっての意識	(2) プログラム参加等による生活技能の向上、退院意思の発動	(3) 家族の変化（感情や受け入れ環境）
②病院との連携体制の構築と体制に沿った支援	(1) 病院スタッフの意識の変化	(2) 病院の取り組みの変化	(3) 院内プログラム等の開発
③地域の関係機関との連携体制の構築と関係機関を活用した支援	(1) 地域資源への理解促進（啓発）	(2) 連携体制の構築（協議、体験等を通して）	(3) 受け入れ資源の開発等地域環境の変化
④地域相談支援への導入と相談支援事業者との橋渡し	(1) 長期入院精神障害者地域移行促進事業の機能	(2) 個別給付前の信頼構築と安心感のある個別給付へつなぎ	(3) 当事者ニーズに必要な制度検証、県連絡機関を通した発信

退　院
地域生活

地域定着支援サービス（見守り・緊急時支援）

長期入院精神障害者地域移行促進事業と支援体系図

コラム4

居住サポート事業と連動した地域移行支援——広島県三原市の場合

長谷部隆一

広島国際大学健康科学部　准教授

　広島県三原市（以下「市」という）では，障害者ニーズ調査・障害者プラン（障害者計画及び障害福祉計画及び障害児福祉計画）策定を実施し，制度政策の潮流に乗り，さまざまな社会資源開発がなされるなか，精神障害者退院促進支援事業と障害者住宅入居等支援事業（以下「居住サポート事業」）が進められてきました。当時，地域生活支援センターさ・ポート（以下「さ・ポート」）で，この事業に従事していた事務局の立場として「居住サポート事業と連動した地域移行支援」について紹介します。

　三原市障害者住居確保支援会議（以下，「住居確保支援会議」）において，居住サポート事業と地域移行支援事業，地域包括ケアシステムについて協議をおこなっています。三原市地域自立支援協議会定例会議（以下「協議会」）においても毎月書面報告しています。

　1993年施行された障害者基本法で精神障害者が障害者の対象となり，1995年，市で初めて精神障害者ニーズ調査実施後，3障害で計画が策定され，協働した取り組みの契機となり，以降さまざまな社会資源開発がなされ，地域移行支援事業・居住サポート事業等取り組まれていきました。変遷については以下のとおりです。

年度	精神障害者地域移行支援事業	居住サポート事業
2002	「精神障害者の退院後の住居確保に関する調査」実施：尾三地域保健対策協議会研究事業（以下「地対協」）において，退院に向けた地域課題として，住居確保の重要性とサポート体制の不足を問題提起と同時に各精神科病院との意見交換をおこなった。＊圏域保健所は，統廃合により名称変更があるため，以下「保健所」に統一。	
2003	退院促進事業（地対協）：精神科病院と協議。3病院各1名ずつを対象者として実施。	「住居確保のための公的保証人制度を考える検討会議」（地対協）：対象地域：市。
2004	精神障害者退院促進支援事業：国モデル事業（さ・ポートが受託，以降同様）。	「三原市住居確保のための公的保証人制度を考える検討委員会」（地対協）〈公的保証人制度検討部会・サポート体制検討部会〉実施。
2005	精神障害者退院促進支援事業：国モデル事業。	「三原市障害者住居確保支援プロジェクト委員会」（地対協）：「住居確保支援ワーキング会議」開催。「三原市精神障害者民間住宅入居支援試行事業（紹介システム）」構築・実施（窓口：保健所→市）。
2006	〈〜2006年9月〉精神障害者退院促進支援事業：国モデル事業。〈2006年10月〜〉精神障害者退院促進支援事業：障害者自立支援法に基づく事業。	2006年10月「2005年度三原市障害者住居確保支援プロジェクト委員会報告書」を三原市に提出。
2007	精神障害者退院促進支援事業：障害者自立支援法に基づく事業。	居住サポート事業実施（三原市地域生活支援事業）対象：精神障害者，「住居確保支援会議」にて協議。
2008	広島県精神障害者地域移行支援事業（精神障害者地域移行支援特別対策事業）協議会にて保健所より市で取り組む必要性説明。	対象：3障害＊実施要綱完成。

2009	尾三地域精神障害者地域生活支援体制推進事業：地対協研究事業。協議会定例会議にて保健所から説明。	協議会定例会議にて住居確保支援会議報告開始。＊2010年1月1日，市と保証会社協定締結。
2010	三原市精神障害者地域移行支援事業（市相談支援事業）／地対協研究事業「退院あんしんプログラム」実施。	前年度同様実施。
	住居確保支援会議にて従来の居住サポート事業に加え，精神障害者地域移行支援事業についても協議（平成22年度広島県障害者を地域で支える体制づくりモデル事業（以下「モデル事業」）：入院・入所中におけるホームヘルプサービス，宿泊体験ルームの利用等を実施。対象：精神障害者）し，定例会議にて報告。	
2011	住居確保支援会議にて居住サポート事業と精神障害者地域移行支援事業を協議し，自立支援協議会定例会議に報告。平成23年度モデル事業（内容は平成22年度に同じ。対象：障害者）について併せて協議。／ピアサポート養成講座実施（保健所）。	
2012	住居確保支援会議にて居住サポート事業と精神障害者地域移行支援事業を協議し，自立支援協議会定例会議に報告。平成24年度モデル事業（内容は平成22・23年度に同じ。対象：障害者）を実施・検証し，既存事業「自立生活体験事業」改正作業実施。／ピアサポーターによる病棟ミーティング参加…1か所（保健所）。	
2013	（継続）住居確保支援会議にて居住サポート事業に加え，精神障害者地域移行支援事業についても協議し，定例会議にて報告。既存事業の「自立生活体験事業」の改正作業を行い実施。／ピアサポーターによる病棟ミーティング等参加…2か所（保健所）。	

　ここで，「住居確保支援会議」を紹介します。開催日時は，毎月1回第4火曜日10時〜12時です。構成メンバーは，三原みなと法律事務所，東部保健所，三原市保健福祉課・住宅対策課住宅係・社会福祉課（障害者福祉係，生活保護係），三原市社会福祉協議会，生活訓練事業所あいあい寮，三原病院，小泉病院・仁康会グループホーム，障害者生活支援センタードリームキャッチャー，さ・ポート（事務局）です。

　内容は，報告事項［対象者（居住サポート事業，地域移行・地域定着支援事業）進捗状況］，協議事項［新規対象者］，その他情報提供［障害福祉等にかかる事項］です。

　2018年度の事業計画においては，昨年度から継続して事業を明確に整理し，入居支援に伴う共通認識の確保，支援を拒否した人の事業継続の協議，精神障害にも対応した地域包括ケアシステムについても協議しています。また，65歳以上の障害のある人についてもニーズはあることを高齢者支援にかかる関係機関へ提議し，高齢者支援機関と協働することで適切な支援の拡充と2014年度より開催している尾三圏域連絡会議（市・尾道市・世羅町）と連携を図りながら，三原市の地域全体を視野に入れ，これまで培ったネットワークを大切に考えながら，支援体制の充実を図っていく予定となっているとのことです。

　三原市では，「ごくあたりまえの生活」を求めることを市民の権利として捉え，住み慣れた地域で希望する生活が安心してできるように居住サポート事業と連動した地域移行支援を続けてきました。これからも精神保健福祉のネットワークの基盤を大切にし，当事者・家族の声などを住居確保支援会議で集約し，行政や自立支援協議会等へ社会資源開発・改良を含め，必要に応じた支援策の提案がなされ，協働した取り組みが続くことを願っています。

第**3**章

効果的な支援のために
実践のモデルとそれを支える理論の話

1　効果モデルと制度モデルとのちがい───────────

プログラム評価理論に基づく効果モデル

　第2章で，退院促進，地域移行・地域定着支援の流れを見てきました。21世紀に入って少しずつ「地域移行支援」という言葉が定着してきましたが，現状はとても不十分なものです。

　筆者らは各地の実践者とともに研究プロジェクトを組み，支援現場の経験知を集積する取り組みを継続してきました。プログラム評価理論という評価研究手法（大島ほか 2019）を使って「効果的退院促進・地域定着支援プログラム」を2007年から作成し，2011年に「効果モデル（暫定提案版）」として公表，以降もバージョンアップを重ねてきました（大島ほか 2009, 2012a, 2012b, 2014）。

　プログラム評価理論とは，さまざまな社会問題を解決するための方法や施策を一連の「プログラム」と考え，それがどのような効果をもたらすのか，どのような要素が効果に影響するのかを探るものです。地域移行支援を推し進めるために，私たちは何をすればよいのか，何に取り組めば事態が好転するのか，今後の見通しを得ることができる仮説を集積したものと言えます。プログラム評価理論をよく検討し吟味することで，よりよい結果（アウトカム）を生み出すための，現場で活用できる実践プログラムを構築することが可能になります（Rossi ほか 2004, 大島ほか 2019）。

検証されないままの制度モデル

　一方で，わが国の精神保健福祉施策の問題点は，さまざまな新規事業を提案する際の吟味が乏しいことです。少数のグッドプラクティス（GP）取り組み事例を取り上げて，場あたり的な事業提案をおこない，その効果の検証も十分でないまま民間事業化して，民間は試行錯誤しながら疲弊していくというパターンが繰り返されています。退院促進・地域移行支援についても，国は事業の名称を変えながら制度を変更してきましたが，社会プログラムとしての費用対効果を含めた検証はなされていません。

　個別給付の対象として位置づけられてからは，それまで構築されパッケージ化された組織的・体系的な取り組みとしての側面は弱くなりました。いずれの事業についても，プログラムの効果を検証することや，効果を生み出すプログラム要素やプログラム理論に関する検討は十分におこなわれていません。結果として，現行の制度モデルはさまざまな課題を残したまま現在に至っています。

　これに対して，本書で取り上げる「プログラム評価理論に基づく効果モデル（効果的プログラムモデル）[*14]」は，国や都道府県の事業の範囲を超えた独自の支援要素（ピアスタッフの導入，継続支援の重視など）を取り入れ成果を上げてきたGP事例の経験を集積し，その関係者との対話を通してまとめられたものです。形成途上ではありますが，効果的支援要素（本章第5節および第Ⅱ部参照）の実施と退院・地域移行実績数には一定の相関が確認されています（中越ほか 2015）。

　経営上・財政上の観点から，現行制度モデルの活用は必要不可欠ですが，本書で提示するのはその現行の制度モデルを補い，さらに超える効果モデルです。読者のみなさんには，現場で業務として取り組んでいる制度モデルは大いに活用しつつ，制度を超えた効果モデルに基づく実践を追求していただきたいと願っています。

2　統合型プログラムとは？　病院と地域と行政———————

　私たちは効果モデルを考えるために，プログラム評価理論に基づき，欧米の地域精神保健福祉先進国の脱施設化や地域精神保健福祉活動の経験を参考にしました。そして，日本の精神保健福祉の状況として，未だ多くの長期入院者，社会的入院者が精神科病院に入院していること，重い精神障害を持つ人たちを地域で支援する体制が不十分であることを考慮しました。

　具体的には，精神科病院に長期入院している人々に地域移行に関する情報を伝え，モチベーションを高める支援が必要であること，それと同時に，精神科病院の関係スタッフの理解を得て支援モチベーションを高める必要があること，

memo ----------------------------------

＊14　効果的プログラムモデル（効果モデル）：効果的なプログラムモデルを具体的に示すためには，効果的モデルの設計図であるプログラム理論（①プログラムゴールとインパクト理論，②プロセス理論），③効果的モデルの骨格を形作る効果的支援要素（効果的プログラム要素；critical program components），④効果的モデルを実践現場に適用するための実施マニュアル，⑤効果的支援要素が適切に実施されているかどうかをチェックし，モニタリングするためのフィデリティ評価尺度（効果モデル適合度尺度，39頁）やプログラムゴールとその実現を把握するためのアウトカム評価指標・尺度などの評価ツール，の5つの要素が重要になります。本書の内容は主に③①にあたり，地域移行実践を進めるために最も重要な方法をまとめたものです。本書のなかには，①②のプログラム理論，⑤フィデリティ評価尺度も一部含まれています。

さらに，地域移行後の包括的な地域生活支援システムを構築して地域生活の定着につなげていくことなどです。

　日本独自の精神保健医療福祉の状況で，効果的なプログラムをつくりあげるためには，これまで実践現場で取り組まれてきた創意・工夫，実践的な努力や配慮を十分に反映する必要があります。そのために，優れた実践をおこなって成果をあげている GP 事例 19 地域への聞き取り調査を実施しました。各地域の意欲的な実践者の人々，精神障害を持つ人たちやその家族などに集まってもらい，意見交換会などもおこないました。また，実践現場へプログラムモデルをもとにした訪問調査をおこない，意見交換を重ねて検証を深めてきました。

　当初は，地域事業所を基盤とした効果的な地域移行支援の方策を検討してきました。しかし，先に述べたように国の地域移行支援事業も終了し，2012 年度から障害者自立支援法のもとでの個別給付化により，状況は一変しました。一地域事業所のスタッフたちの献身的な努力だけでは，プログラムの標的集団である対象者（入院患者）へのサービスの提供は困難となり，これまでの事業で繰り返し強調されてきた「病院と地域の連携・協働」が何よりも重要な課題になってきました。

　一方で，精神科で長期入院している患者をめぐる医療福祉体制も急速に変化しています。長期入院患者の滞留と著しい高齢化の進行は，精神保健分野のなかの課題にとどまらず，「精神保健医療改革」が診療報酬・介護報酬改正のなかでも議論されています。精神疾患は今日，わが国の深刻な国民病として重点医療政策の対象として位置づけられ，地域医療計画に包摂されて改革が始まっています。精神科病床の機能分化による再編と整理統合（ダウンサイジング）が今後さらに進行し，病院の存続を賭けての経営戦略の見直しが求められます。高齢者医療同様に，医療・福祉・介護分野にまたがる「地域連携パス」[15]の急速な普及が精神科領域でも今後進行するでしょう。

　一方，相談支援事業所側は地域移行・地域定着支援の個別給付化の影響を受けて，圏域によっては事業継続の危機に見舞われていました。対象者である入院患者自身が手を挙げて申請・契約することが前提となったことや，地域体制整備コーディネーターが事業仕分けにより廃止されたことと相まって，入院患

memo --

　＊15　地域連携パスとは，一機関内にとどまらず，保健・医療・福祉・介護等の領域を超えた複数の関係機関が，治療やリハビリテーション，福祉的支援や介護といった支援経過と目標を共有し，適正にサービスを提供するための進行計画表をさします。パスづくりを通じて，多職種多機関がそれぞれの役割や機能を理解し合い，支援経過を共有できるだけでなく，当事者に可視化して示すことで見通しをもった取り組みが共有できるようになります（古屋・岩尾ほか 2011，古屋 2015b，2016）。

者のモチベーションサポートを現実のものとする病棟スタッフとの連携が必須となっています。精神科病院・地域事業所ともに組織の維持存続を図るためには，相互の連携協働が必須となっており，両者を結び双方に利益を生み，長期入院患者の最善の利益にもつながる「統合型プログラム」の開発が必要となってきたのです（古屋・大島ほか 2018）。

　本書で示す効果モデルは，病院職員にとっても事業所職員にとっても，目標と理念を共有して支援を展開するための「統合型プログラム」になっています。

3　プログラムのゴールとは？　支援の基本理念

支援のゴール

　本書は，長期入院をしている精神障害を持つ人々の退院・地域移行を進めることだけをめざしているわけではありません。このプログラムを利用する人の地域生活への希望と動機を高め，可能な限り早期の退院・地域移行を実現し，その後再発・再入院することなく地域生活の維持・安定をはかり（地域定着），継続的な支援によって，自立（自律）的な地域生活を実現することをめざします。

　同時に，病院のなかで病棟スタッフなど病院関係者全体が，この取り組みの意義と目標とするものに賛同し積極的に参画することや，退院・地域移行後の地域支援体制のネットワーク構築もめざしているのです。

支援の基本理念

　このプログラムが重視する理念は，質の高い，自立（自律）的で，満足度の高い地域生活が実現し，継続できるように支援することです。そこでは利用者の主体的で自立的な選択と希望の実現をはかり，利用者のエンパワメントやリカバリーを支援することが重視されます。

　これまでの現場の実践家との討議を通して，このプログラムの共通の基本理念として次のような6点が挙げられます（大島・古屋ほか 2014）。

❶　人権擁護：長期入院精神障害者の地域移行の課題は，「社会正義と人権擁護」および「地域生活支援」にかかわること。

❷　連携協働：地域移行・地域定着を図る支援方策は，当事者および病院・地域・行政の対等な「連携協働」を基本とすること。

❸　脱中心化：地域の相談支援体制のネットワーク構築をめざし，医療偏重・一極集中は排し「脱中心化」を図ること。

❹　脱施設化：精神保健・医療・福祉の再編を目指し，精神科病院のダウンサイジングを含めた「脱施設化」を志向すること。

❺　リカバリー：退院を自己目的化せず，地域移行後の定着・継続支援を通した「質の高い生活」と「リカバリー」を目標とすること。

❻　統合モデル：視点としては，病院の「医学モデル」に依ることなく，また地域の「生活モデル」に偏重することもなく，当事者主権の「社会モデル」を加味した「統合モデル」を追求すること。

　めざされるべきは，精神科病院の医療専門職が中心となる「退院促進」ではなく，地域事業所の福祉専門職が中心となる「地域移行」でもありません。あくまでも，精神障害当事者を行為主体とする「脱施設化」であり，より厳密に言えば「脱入院化」であると言えます。本来であれば，精神障害当事者が主体となって取り組まれるべき行動を，我々はサポート（支援）しているにすぎません。精神保健医療福祉サービスの消費者（コンシューマー）として長期入院精神障害者を位置づけ，そのニーズに基づいて多様な機関のさまざまな支援サービスを調整し投入することが求められているのです。

4　プログラム理論について

インパクト理論とは？──変化を生む目標

　効果モデルでは，効果的支援要素を組織的・体系的・計画的に実施できるように，プログラム理論に基づいて設計し，共有します（大島ほか 2019）。

　プログラムにより解決が期待できるゴールを定め，そのゴールを達成するためのプログラム効果の因果関係を明らかにしたものを「インパクト理論」と言います。「インパクト」というと通常は，衝撃，影響，印象などを思い浮かべますが，ここではプログラムの参加者やサービスの利用者に起こる変化や効果のことをさします。相談支援を展開していく際に，「インパクトゴール」の設定が重要になるのと同様に，困難な事態を打開し，状況のつり合いが大きく好転するような，変化をもたらす目標設定が重要です。効果モデルを構築するうえで，最も重要な基礎・土台を形成したものがインパクト理論と言えます。

　地域移行支援のインパクト理論を図 3-1 に示しました。達成すべきプログラムゴールを「質の高い自立（自律）的地域生活の実現・生活満足度の向上」に設定しました。このゴールを達成するために，利用者が望む時期にできるだけ早期に退院を実現し，地域での生活が軌道に乗るまでの濃密な支援と，本人が望む生活を持続するための継続した支援が不可欠であるとしました。しかし，

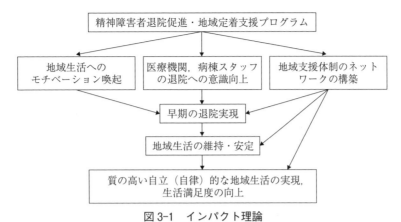

図3-1　インパクト理論

出所：道明ほか 2011，古屋・大島ほか 2018。

利用者が安定して地域で生活を送るために支援は必要ですが，徐々に専門的な支援提供を軽減することで，地域の一市民としての生活を手に入れることへつながるという検討に基づき支援要素も追加されています。

プロセス理論とは？──計画の可視化

❶　サービスの利用計画

　プログラムが効果的に実施されるために，どのような組織が，どのような経過で支援を遂行していくかを可視化したものがプロセス理論です。プロセス理論は「サービス利用計画」と「組織計画」に分けて示されます。

　本プログラムのサービス利用計画を図3-2で示します。当初のプログラムモデルでは，①利用者に対して，②地域関係機関や関係者に対して，③病院，医療スタッフに対しての3方向のはたらきかけの展開過程を追って示しました（大島・古屋ほか 2014）。その後，検討を重ね改訂したプログラムモデルは，病院と地域事業所，行政等のチームが一体的な組織として働きかけるプロセスに統合されました。

　「病院スタッフに対する広報，啓発活動，意識変化」はプログラム実施上で利用者への情報提供と同等にまず取り組むべき要素です。「重層的ネットワークの構築と活用」はプログラムを支える屋台骨となります。そして，個別給付化された現行の制度では「スムーズな制度利用」が，プログラムの積極的実施につながります。「利用者との関係づくり」「動機づけの強化」「ニーズキャッチ」と並行して，病院の作業療法やSST（社会生活技能訓練）などを「地域生活を想定したリハビリテーションプログラム」として実践することで，利用者の退院はより現実的なものになります。「地域生活を想定した治療計画」は地域生活を実現させるために地域事業所が策定する退院支援計画（地域移行支援計

画）とリンクしたものであり，提供される治療が利用者本人と合意を得た地域生活を想定したものでなくてはなりません。計画策定に必要なアセスメントは「多職種」により実施される必要があり，「外出泊による評価」により退院後の地域生活をより具体的にとらえ，利用者本人とチームで共有されることで，病院スタッフも利用者を生活者としてとらえていくことを促す機会となります。

　このプログラムのプロセスは，病院，地域事業所など多機関がお互いに協働し，経験知を持ち寄り，実施されることを想定しています。多機関によるチーム内で機能のちがいがあっても，できることを互いに話し合い，利用者を中心に対話を重ねながらプログラムを実施する関係性を持つことが求められます。

❷　組織計画

　次に，本プログラムの組織計画を図3-3に示します。プログラムを実施する組織を，病院，地域事業所，行政等の多機関をチームとしてとらえて示すために「病院，地域事業所，行政など多機関による有機的な連携と一体的な組織体制」としました。「有機的な連携と一体的な組織」とは，それぞれ異なる機関が集まり一つの全体として，互いに密接に影響を与えていくことでより効果的

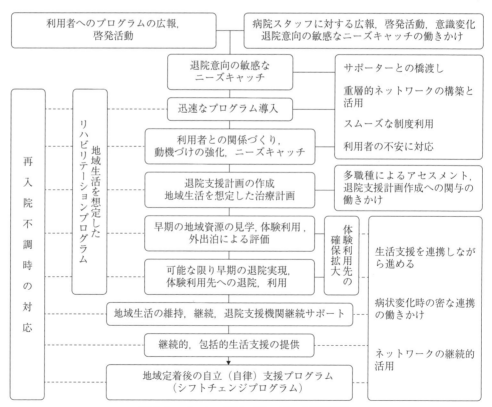

図3-2　プロセス理論（サービス利用計画）

出所：古屋・大島ほか2018をもとに筆者（高野）作成。

な実践をおこなう組織をさします。

　本プログラムは，地域事業所と病院を一つの「チーム」として組織計画に位置づけました。さらに市町村や保健所など行政機関との協働が必須と考え，プログラム実施組織を多機関として位置づけています。加えて，地域生活支援機関としては，それぞれの利用者により，チームのなかに加わる社会資源（グループホームやホームヘルプ，通所型事業所など）が想定されます。また，ピアサポーターなど当事者の力が具体的支援としてチームに位置づくことが重要です。

　「管理部門」は，地域事業所と病院の双方にコーディネーターが配置されていることを示しています。相互のコーディネーターが協働し窓口の機能を有しながら地域ネットワークづくりなどの機能を持つことが期待されます。病院のコーディネーターは，プログラムの導入期においてより大きな責任と役割を果たし，プログラムが進むにつれて，地域事業所のコーディネーターへ責任と役割を徐々にスライドします。ただし，両コーディネーターはプログラムのどの時期においても責任と役割をもち，相互に影響し合います（コーディネーターの位置づけと詳しい説明は，次章第３節・第４節を参照）。

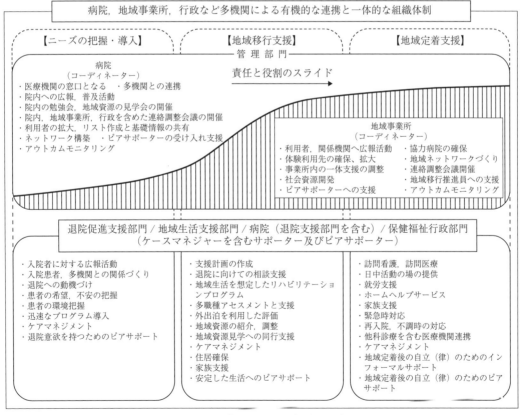

図3-3　プロセス理論（組織計画）

出所：古屋・大島ほか 2018 をもとに筆者（高野）作成。

　「プログラム実施部門」は，プログラムの進展を①ニーズ把握，導入，②地域移行支援，③地域定着・継続支援の３段階に分けて役割を示しました。実際の支援はどの段階においても病院，地域事業所，行政等がチームとして互いに協働し，できることを持ち寄りながら，創意工夫を重ねて実践することを示しています。そのため，支援内容で役割を分けていません。チームは互いに自分たちのできることの幅を広げ，決められた役割意識ではなく，利用者にとって最も必要な支援を展開するために，互いの役割を超えた支援が期待されます。

5　効果的支援要素とは？　支援の道しるべ――――――――――――

効果的プログラム要素とは？

　実践者との対話を通じて，各現場で取り組まれてきた創意・工夫，実践的な努力や配慮をチェックボックスの形で示したのが「効果的プログラム要素（critical program components）」と呼ばれるものです。退院促進のプログラムを解説する本書では「効果的支援要素」と名付けました。ゴール達成のために必要な支援体制を形づくるもので，有効な効果的支援要素を明らかにし，実践と評価を積み重ねながら改善を加え，取り組み内容が見えるようにしました。

　この「効果的支援要素」は，各地での先進的な取り組みを，日本社会事業大学の学内研究班が調査しながらとりまとめたものです。研究プロジェクトに参画してくださった全国の19事業所に，大学から研究班のメンバーが現地に定期的に繰り返し訪問して調査をおこない，まとめています（大島・古屋ほか 2011，2012，2014）。

効果的支援要素とは？

　「効果的支援要素」は，退院促進に効果的であると考えられる主要な支援方法・要素を，チェックボックスでリスト化して示したものです。地域移行支援事業に取り組む事業所がどのような支援をおこなっているか，その支援の内容・頻度から，地域移行を推進する効果的なプログラムを明らかにしようとしています。いくつかの大項目に分かれていますが，サービスの提供組織（地域の事業所）がプログラムの標的集団（病院の入院患者さん）へ，サービス提供をどのようにおこなっているか，実際の対象者である利用者との関係づくりはどうなされているか，支援の要素を細分化したものです（道明ほか 2011）。

　また，この地域移行支援事業というプログラムがどのように導入され，それがどう展開されているか，入院中にどのような退院準備が行われているか，退院促進支援についてどのような目標設定がされているか，退院後の継続的かつ

包括的な地域生活支援体制はどのように構築されているかなどについて，こと細かにその要素を取り上げ，その実施の有無と頻度を調べ，有効性を検討してきました。

　最初に地域移行支援を始めたときにはできていなかったことが，半年，1 年経つとチェックが入る項目が増えてきます。それに伴って，最初は非常になだらかな実績しかあげられなかった実際の支援が，ある時点から急激にいろいろな成果をあげてくることがわかってきます。自らの事業所の自己評価にも活用でき，まだ足りない取り組みや，他の機関と比較しての到達点や課題もわかるツールとなっています。

　本プログラムの効果的支援要素は，表 3-1 の 6 領域に分類されています。A 領域は 9 項目，B 領域は 4 項目，C 領域は 5 項目，D 領域は 4 項目，E 領域は 7 項目，F 領域は 2 項目，計 31 項目の支援要素項目で構成されます。

　各項目を構成する要素は，当初 170 個ほどのチェックボックスでしたが，訪問調査等により精神科病院長期入院者に対する退院支援の実践を統合して改善した本プログラムには，研究協力者との検討と対話を重ねて 60 個以上のチェックボックスが追加されました（古屋・大島ほか 2018）。本書では，項目内のすべてのチェックボックスは 236 個の多岐にわたります。「効果的支援要素」の具体的な組み立てや，項目の詳細については，第Ⅱ部をご覧ください。

フィデリティ（準拠度）評価とは？

　効果モデルのプログラム理論に準拠しているかを確認することで，自分たちの支援が適切なものとなっているか，検証することが可能となります。また，新たな取り組み課題も明らかになるでしょう。この準拠度を測ることを，「フィデリティ評価」と呼んでいます（贄川ほか 2011）。

　フィデリティ（準拠度）評価尺度（fidelity scales）は，科学的根拠に基づく実践（Evidence-based Practice: EBP）を実施・普及するうえでプログラムモデル

表 3-1　効果的支援要素（6 領域 31 項目 236 要素）

領域	領域名称	項目数	要素数
A 領域	協働支援チームの形成	9 項目	87 要素
B 領域	病院広報とモチベーションサポート	4 項目	32 要素
C 領域	関係づくりとケースマネジメント	5 項目	29 要素
D 領域	具体的な退院準備	4 項目	27 要素
E 領域	退院後の継続的支援	7 領域	47 要素
F 領域	退院促進の目標設定	2 領域	14 要素

出所：筆者（古屋・高野）作成。

にどのくらい準拠しているかを評価するための尺度として用いられます。フィデリティ評価尺度は，近年，対人ケアのサービス研究領域で大いに注目されています。本書の第Ⅱ部でも，各効果的支援要素の下に，フィデリティ評価の基準が記されています。各ページの項目ごとに，効果的支援要素の「チェックボックス」が並んでいますので，これにチェックを入れることで取り組み状況がわかります。

その下の「アンカーポイント」がフィデリティ評価尺度の基準になるもので，チェックボックスに入った該当チェック数で効果的支援要素の評定ができます。これをまとめると全体構想シート（第Ⅲ部第7章参照）の「支援要素レーダーチャート」が描けるようになっています。効果モデルを実践していくうえで，プログラムにどのくらい準拠しているか，適合しているかの程度を把握する，実施過程のモニタリング評価に活用してください。

今後もチェックボックスについては，実践者や利用者などと検討を重ねていくことで，より効果的なプログラムモデルをめざすことになります。実践現場の創意・工夫，実践上の改善点が反映されていくことで，よりバージョンアップした形成評価が重ねられ，実践の道しるべとして役立つことを願っています。

■第3章のまとめ

・現行の「制度モデル」を補い，超える「効果モデル」が必要である。

・病院と地域と行政が同じ方向を向き，同じゴールをめざす「統合型プログラム」が必要である。

・インパクト理論とプロセス理論により，目標とサービス利用，組織計画を共有する。

・「効果的支援要素」をチェックすることにより，具体的取り組み課題が明らかになる。

・「フィデリティ評価」をおこなうことで，戦略シートが描けるようになる。

コラム5

病棟での取り組み，看護師の退院支援意欲の喚起

古屋喜代子

神奈川病院／厚木市厚木地域包括支援センター　看護師

退院支援って？　地域移行ってどうするの？　病院と地域のために看護師のできること

　1970年代の看護養成施設では，精神科看護の講義や実習はカリキュラムにない学校もあり，十分な精神科看護の教育がされてきませんでした。患者さんの生命の安全を守るという使命の下で「あれはダメ，こうした方がよい」と指導的で患者さんの自己決定権を奪ってきていることも多かったのではないでしょうか？　1995年，精神保健福祉法改正と時を同じくして精神科看護・在宅看護が組み込まれましたが，まだその看護は疾病管理が主流でした。2000年代に入り心理社会的アプローチが必要とされ，今では本人自身が幻聴などの症状を受け止め，その対処方法を身につけリカバリーしていけるかかわり，より地域生活へ向けた教育がされるようになってきています。そして，変わっていく精神科医療に沿ったスタッフの教育が求められています。

看護師への退院支援意欲の喚起のポイント

　病棟看護スタッフの退院支援意欲を挙げるには，どのようにしていけばよいのでしょうか？隔離収容時代からのなごりで，病名も告げられずに入院生活があたりまえの生活になってしまった患者さんが退院をしたいと考えるようになるまでには，かなりのエネルギーを要します。ときには，「今さら退院させるのか！」と怒りを買うこともあり，落ち込んでしまうことも多々あります。患者さんは「退院」という言葉によい意味でも悪い意味でも心揺れます。退院支援は一人では到底できず，地道に退院へ意識づけしていくために，病院内や地域との連携のシステムづくりが必要となります。患者さんの不安や揺れる思いに寄り添い一緒に受け止めていくために，病棟スタッフおよび多職種の勉強会を開催し，法の改正とともに変わりゆく精神科医療・福祉・地域サービスなど，退院支援におけるノウハウを学び意識の統一を図ります。病院内では院長や医師を，病棟では師長やリーダーとなる者を巻き込み協働体制をつくることも一つです。

退院支援の実践のポイント

　退院支援は，退院へ意識づけしていくことがスタートです。そのアプローチによって患者さんの回復していく段階や意識の変化・意向に沿ったケースマネジメント・集団と個別のかかわりを組み合わせた退院支援が，効果的かつ具体的な支援につながるものと思います。

　では，どのように意識づけし，意欲喚起していくのでしょう？

　まず，意識づけの取りかかりとして，入院療養生活，地域生活への目標を明確にすることです。療養生活の目標を確認して行動計画の立案，退院後の生活を意識して患者さんの生活の改善にかかわっていきます。

　退院後の生活リズムを作るために作業療法や，病棟・病院行事などへの参加を促し，生活領域

の整理整頓を一緒におこなうことから関係性をつくっていきます。

　それと同時に，病気の理解から症状の対処などを身につけていく心理教育をおこない，退院に向けて意識づけしていきます。これはグループでおこなうことで当事者同士の相互作用により，それぞれの潜在能力が引き出されます。退院の意識を持ち，自分自身で自己選択・自己決定しリカバリーしていける術を身につけるために必要な心理教育です。

　患者さん自身が病気について理解を深め，症状をコントロールできるようになることが自信の回復につながり，退院までのさまざまな課題に向き合う第一歩となります。そして，その人らしい退院後の生活のイメージがもてるように，多職種チームで専門的アプローチをしていきます。これは，患者さんを中心にした多職種連携です。

　次は，地域生活自立に向けた個別支援です。地域生活へ向け，社会資源の情報提供やその利用法など，地域支援者とともに地域生活実践に向けての支援を展開していきます。また，退院支援員やピアサポーターの導入は，本人にとって安心して地域に向ける心強いサポーターとなります。この病院・地域の連携が，患者さんの安心できる地域移行につながるものと思います。

患者さんの力を信じて退院支援にチャレンジ！

　「退院は，ここまでできなければ無理！」と支援者の視点で決めてしまっていませんか？

　必ずしも病棟の管理された生活の中では評価はできません。彼らの力を信じてチャレンジしてみてください。上手くいきそうならば，地域生活に足りない部分の地域サービスをコーディネートして，その人らしく生活できる場を組みましょう。そうでない場合は，何が問題なのか評価して足りないものを強化・設定していきましょう。疑似体験を繰り返すことは，きっとその人の自信につながります。背中を押してあげてください。

退院支援・地域移行支援に必要なもの

　第一に，看護師自身が患者さんの立場に立ってともに考える姿勢と，信頼関係を築くこと，本人の希望や意志を尊重しながら，その人にあったサービスを利用する方向に意識づけしマネジメントしていくことです。

　また，患者さん自身が望む地域生活の目標に向かってリカバリーしていけるよう，意識の変化の段階に合わせ，退院後の生活を見据えた地域生活の基盤をつくる退院支援をマネジメントしていくことが必要です。

看護師である私たちは何を中心に考え，行動しなければいけないのか？

　「連携」とは言え，お互いの職域への遠慮もあり誰しも摩擦は避けたいもの。お互いの顔色を見て事を進めることも多いのではないでしょうか？　私たちは患者さんを中心に，その人が望む生活に，よりベターな方法を模索していく必要があるのだと思います。

　退院までの患者さんの揺れる思いや変化に寄り添い，病院スタッフが退院への意識づけや準備をするとともに，地域支援者が地域へ社会参加を促していくという病院・地域の一貫したサポートシステムの充実がスムーズな退院支援につながるものと考えます。

コラム6
病院 PSW のみなさんへ──今病院でできること

保田美幸

元・いわくら病院　精神保健福祉士

　京都市では退院支援モデル事業当時より，中部障害者生活支援センター「なごやか」が中心となり，他の支援センター・行政・地域事業者・病院関係者で月に一度の地域移行・地域定着支援事業実務者会議，年に一度の事業関係者への研修会をおこなっています。

　実務者会議では多数の意見が出ました。地域事業所は「知識・経験がない」「病院のことがよくわからない」「経営的にやりきれない」「そもそも病院から依頼がない」と言っておられました。病院 PSW は「自分たちでやったほうが早いし楽」「引き受ける事業所がない」と言っていました。こんな話を何年続けてきたでしょうか？

視点を変える

　病院 PSW たちの思いは以前の私の本音でもありました。

　事業を利用しようとすれば，書類申請に始まり，契約までの煩雑さ，支援が始まると毎回の支援員さんたちとの打ち合わせ・報告・月に一度の関係者会議と続きます。「病院だけで支援していたらとっくに退院できていた。この時間はとられなかった」と私は何時も心で呟いていました。一方で，緊張した面持ちで固く手をつないで外出される患者さんと支援員さんを見送りながら，病院のなかで職員の都合にあわせて退院支援をしている自分を恥じてもいました。

　その頃，私は「タイソク・プロジェクト」の全国会議に参加して，具体的な知恵をいただき自分の視点を変えることを学びました。

　まず地域事業所の言われている「知識・経験がない」「病院のことがよくわからない」ということについては，初めて組む事業所には，退院支援は今までどおり病院でするという気持ちで依頼すること，事業所には住居探し・福祉事務所とのやり取り等にできるだけ同席してほしいが時間調整に無理をしないこと，ただし毎回の支援内容は共有すること，こちらが今までもっていた資源，ノウハウをできるだけ伝えること，彼らにはご本人と一緒に買い物の同伴などご本人が楽しみ，地域での暮らしに安心できるかかわりをしてもらうことに切り替えました。

　病院 PSW にとっては一時的には仕事量が増えて苦しいですが，そこを越えると後はお互いの役割分担が変わっていき，楽しくなりました。支援員さんのていねいなかかわりで，病院だけではわからなかった患者さんの思いや力がわかってきました。

　「経営的にやりきれない」ということについては，事業所の経営や効率にも配慮して，同じ事業所に複数名契約してもらうこと，最低月に二回は曜日を固定して病院に来てもらい，その日は病院 PSW も病棟の担当看護も活動の最初に打ち合せ時間をもつこと，この期間で退院できなかった人は，タイミングをみて再申請したらよいというくらいの余裕をもつこと，記録は3枚複写用紙を用意してご本人・事業所・病院が同じものをもつなど，さまざまに工夫して省力化を図り

ました。

　病院は「対象者がいない」と思いがちですが，一年以上の入院者でなくても，支援がなければ，長期入院になってしまう可能性のある人や，入退院を繰り返している人も対象です。また，ご本人に退院意欲が少なくても，同意があれば事業契約して，かかわりのなかでアプローチできる方も対象です。介護保険対象の高齢患者さんもこの事業は利用でき，介護保険のケアマネジャーだけに頼らずこの事業を同時に使うと幅の広い退院支援ができます。

　事業所へは，最初は退院支援が比較的容易な方を依頼し，事業所に成功体験をもっていただく，そして事業を利用して病院と事業所でのやり取りを深めてお互いを知っていくことも必要だとわかってきました。また家族が退院に反対でも，事業を使って地域も一緒に支援している過程を示していくことや，地域からご家族に働きかけてもらうことで，ご本人だけでなくご家族にも安心していただくことができるとわかり，私は一人でも多くの人に事業を利用していただきたいと考えるようになりました。

　当院の動きを言いますと，2017年初頭より精神科療養病棟で，月二回，中部障害者生活支援センター「なごやか」をはじめ，いくつかの地域事業所に来ていただき，病棟全員の患者さんの退院を目指した会議をスタートしました。次に月一回の患者さんの病棟ミーティングに支援員さんたちが参加，さらに彼らからの提案で病院職員が同席しない形で退院相談窓口の定期開設，そしてピアサポーターの参加と発展していきました。

　2018年病院は精神科療養病棟閉鎖へと舵をきりましたが，こうした地域の力があり今まで退院に結びつかなかった多くの患者さんたちが少し安心して退院されたと思います。

病院PSWの皆さんへ

　病院での多大な業務のなかで，次々変わる制度を理解するのもままならず，PSWとしての支援ができないと嘆いている方も多いです。どこの現場も大変だと思います。しかし，今できることとして，一人でもこの事業を利用して支援者さんに病院に来てもらうことはできませんか。退院支援にかかわることができないPSWの方も，病院との連携機関・業者・患者さんがお住いの物件情報等おもちの情報がたくさんあります。ぜひこれらを退院支援する事業所に活かすことはできませんか？

　病院にいて，社会的入院の問題をドラスティックに変えることは一人のPSWでは到底できません。でも精神医療の変革を信じて，小さな風穴をあけていきませんか？　入院患者さんの権利だと心してこの事業を使っていきせんか？

　みなさまの健闘をお祈りいたします。

段階ごとに考えよう！
地域移行のステージ

　これまで効果的支援要素として支援の実施方法について説明してきました。しかし，それぞれの地域でプログラムを実施するためには，段階に応じて体制を整えていく必要があります。これまでに地域内の関係機関が十分に連携をし，退院支援を推し進めてきた地域もありますが，逆にこれまでほとんど関係機関が連携することなく，いわば精神科病院のみで退院支援を進めてきた地域もあるのではないでしょうか。

　本章では，各地域の退院促進・地域生活支援の体制や提供サービスの段階を「期」として分け，「期」ごとのねらいと達成定義を整理ます。また，「期」が進むことにより達成が可能となる効果的支援要素を図4-5（52頁）に示しました。

1　各期のねらいと達成の定義

開拓期：0期（「支援の核」形成）

【ねらい】

　開拓期には，病院と地域事業所が個別支援を通じて一緒に取り組む仲間を見つけ，「支援の核」を形成することをめざします。地域の支援者と長期入院者の出会いを地域生活実現に向けたはじめの一歩としましょう。

【達成の定義】

　精神科病院，地域事業所の職員が所属機関のみで退院支援をおこなう状態から，精神科病院と地域事業所に所属するそれぞれの職員が協働して退院支援をおこなう基盤（「支援の核」）ができた段階です。

萌芽期：1期（協働支援チームの形成）

【ねらい】

　萌芽期（1期）は個別支援の実績を重ねて，関係機関にチームに加わってもらえるように，戦略的にはたらきかけることをめざします。関係機関の理解を図りながら，自ら退院希望を表明できない，支援の届きにくい人たちにも，チームがかかわることのできる環境を整えていきましょう。

【達成の定義】

　「支援の核」が中心となり，協働支援の実践を積み上げる経過のなかで，関係機関の理解を得ながら協働支援チームが形成され，その活動がそれぞれの機関内で承認される段階です。

形成期：2期（サービス提供体制の拡大・安定）

【ねらい】

　形成期（2期）は病院，地域事業所，行政が協働した複数の共同支援チームが形成され，それらが発展していくことをめざします。そのために，意識的にチームが集まる場（機会）をつくり，チーム力を高めます。

【達成の定義】

　各機関内で承認された協働支援チームが，地域内の複数の機関間で形成され，それらのチームに行政や他の関係機関が加わった定期的な協議の場（ケア会議・チーム会議）が実施されている段階です。

発展期：3期（システム化されたサービス提供）

【ねらい】

　発展期（3期）はここまで進んできた「期」を後戻りさせないために，地域で定着したシステムとして機能する仕組みづくりをめざします。自分たちのチーム実践を自己評価し，発信することで，障害福祉計画等の策定に提言することにつながったり，近隣地域によい影響を及ぼすことにもつながります。

　本書の「効果的支援要素」はチェックボックス式になっており，チェックがついた支援内容を得点化，グラフ化することができるようになっています。時期による変化を数値やグラフでとらえることができるため，関係者間の意見交換等に活用することができます。

【達成の定義】

　市町村担当者が関係機関の協働を促す場づくり（協議会内の地域移行部会や研修，事例検討会等）にも積極的に関与し，圏域レベルで退院支援の推進が共通の使命として認識されている段階です。

2　開拓期（0期）

【スタッフの状況】

・自然発生的もしくは意図的な働きかけで病院や地域事業所の職員が「支援の核」になっていく。

- 「支援の核」が形成されるが，まだ各所属組織ではサポーターとして活動している。
- 「支援の核」としてアクションを起こし始める。
- 病棟や地域の社会資源，行政に働きかける。
- 所属している組織内のスタッフに，地域移行を行うサポーターになるための意識づけを始める。

※「スタッフ」とは，サポーターになる以前の支援者（職員）のこと。

【協働のための視点】
- 自分の組織内に向くことが多い。
- 所属している組織の外に協力者がいることに気づき始める。

【本人（利用者）の状況】
- 「退院したい」という希望があっても退院の機会が提供されない，もしくは，本人が退院を消極的に考えている。

【開催される会議】
- ケア会議：チームがつくられることを意識しながら，ケア会議を実施していくとよい。

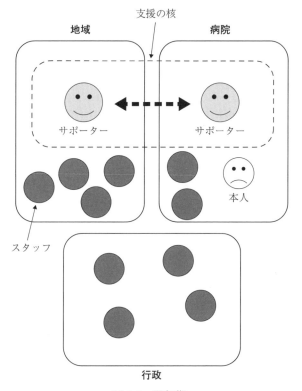

図 4-1　開拓期

出所：筆者（酒本）作成。

3　萌芽期（1期）

【スタッフの状況】

• 「支援の核」であるサポーターは内外の連携を意図的に始め，チームを形成していく。

• スタッフは地域移行を意識し，内部の連携を開始する→サポーターとして活動を始める。

• 「支援の核」が中心となり，ケースマネジャーとしてチームのサポーターをまとめていく。医療機関と地域事業所だけではなく協議会への参加や行政機関に積極的な働きかけをおこなうコーディネーターとしての役割を担い始める→コーディネーターが個別のケースマネジャーを兼務することもある（プレイングマネジャー）。

• サポーターのなかからケースマネジャーとして活動を始める人たちがいる。

• それぞれのスタッフの役割が明確になる。

• 組織から承認を得るための時期であることを意識し，組織内部に働きかけをおこなう。

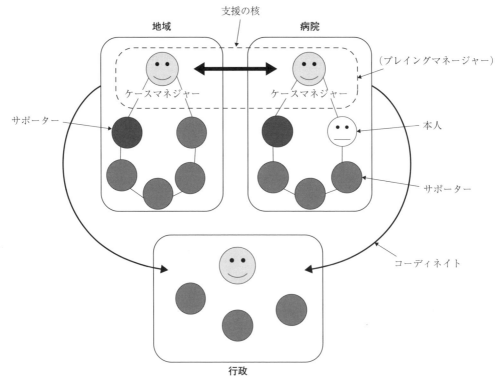

図 4-2　萌芽期

出所：筆者（酒本）作成。

【協働のための視点】

• 「支援の核」はサポーター同士が連携できるようマネジメントを意識する。

• 「支援の核」は積極的に組織外の社会資源に意識を向ける。

• チームのサポーターは組織外のチームと連携を始める。

【本人（利用者）の状況】

• 退院について具体的にイメージすることが可能になる。

• 退院に向けてチームに参加する。

【開催される会議】

• ケア会議，チーム会議。

4　形成期（2期）

【スタッフの状況】

• 地域移行のために中心的な役割を担うコーディネーターが組織内で承認を得ている。

• コーディネーター，ケースマネジャー，サポーターそれぞれの役割が明確になる。

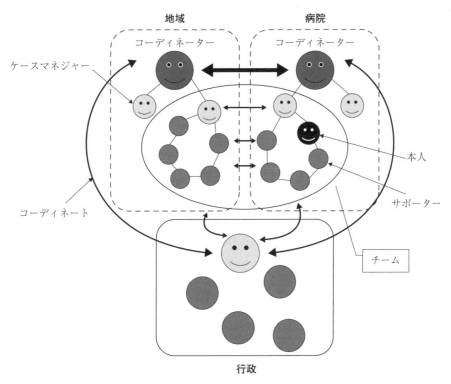

図 4-3　形成期

出所：筆者（酒本）作成。

- コーディネーターは内部調整もするが，より積極的に対外的な調整をおこなう。
- ケースマネジャーは協働支援チームをとりまとめる役割を担う。
- サポーターは多職種で構成され，専門性を活用し支援をおこなう。

【協働のための視点】

- コーディネーターは他の組織のコーディネーターを中心としたチームとも目的を共有していく。
- 組織内で主に活動しているチームがコーディネーターを介さずに他組織のチームのサポーターと連携する。

【本人（利用者）の状況】

- 本人を中心にチームが形成され，支援が提供される。
- 本人が周囲（入院者・スタッフ）の退院（支援）意欲を高める存在になる。

【開催される会議】

- ケア会議，チーム会議，連絡調整会議。

5　発展期（3期）

【スタッフの状況】

- 行政機関にもケースマネジャーが配置される（コーディネーターを兼ねることもある）。
- チームは組織の枠組みを越え，協働支援チームとして医療機関・地域事業所・行政機関のサポーターによって構成される。
- 一人のスタッフがいくつもの協働支援チームに参加することが可能になる。
- ピアサポーターやピアスタッフもチームの一員として参加する。
- 地域移行について理念・方向性を地域全体で共有している。

【協働のための視点】

- つねに情報交換を行うため，組織外の動きも把握することが可能になる。
- 所属している組織の枠組みを越えて連携することが常態化する。
- これまで連携していなかったさまざまな領域の支援とむすびつく。
- コーディネーターは他の地域に視野を広げている。

【本人（利用者）の状況】

- 利用者はどんなときでも意思表示が可能になる。
- 一定の質を担保した支援が提供されている。

【開催される会議】

- ケア会議，チーム会議，連絡調整会議，計画策定会議，協議会。

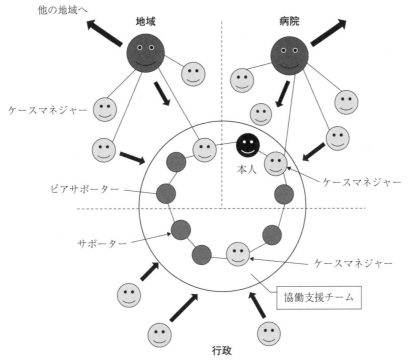

◎協働支援チームはいくつも存在する

図4-4　発展期

出所：筆者（酒本）作成。

■第4章のまとめ
・エリアで「効果モデル」を共有することで，支援の核を形成する。
・「支援の核」から協働支援チームをつくる。
・チームで「効果モデル」を学びあい，圏域における戦略を立てる。
・地域の実情をふまえ，「期」にそった地域移行支援を展開する。

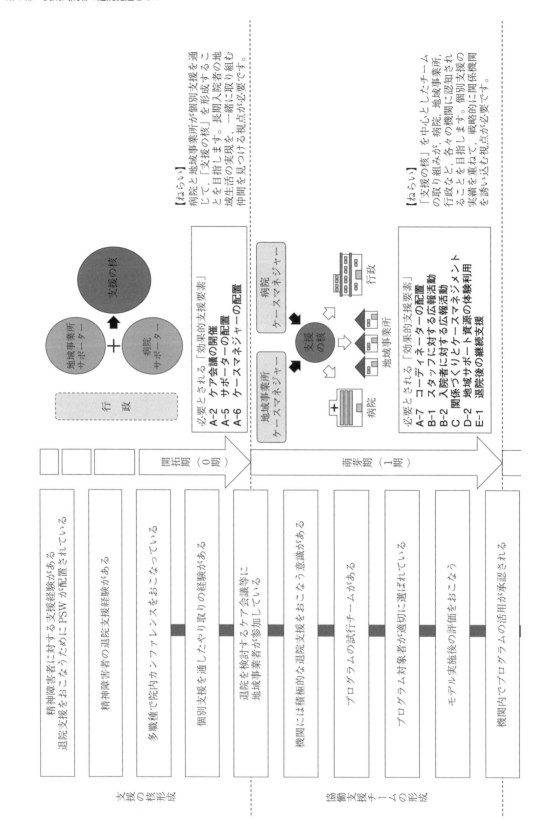

【ねらい】
病院と地域事業所が個別支援を通じて、「支援の核」を形成することを目指します。長期入院者の地域生活の実現を、一緒に取り組む仲間を見つける視点が必要です。

【ねらい】
「支援の核」を中心としたチームの取り組みが、病院、地域事業所、行政など、各々の機関に認知されることを目指します。個別支援の実績を重ねて、戦略的に関係機関を誘い込む視点が必要です。

必要とされる「効果的な支援要素」
A-2　ケア会議の開催
A-5　サポーターの配置
A-6　ケースマネジャーの配置

必要とされる「効果的な支援要素」
A-7　コーディネーターの配置
B-1　スタッフに対する広報活動
B-2　入院者に対する広報活動
C　関係づくりとケースマネジメント
D-2　地域サポート資源の体験利用
E-1　退院後の継続支援

支援の核
地域事業所
サポーター
病院
サポーター
＋
行政

ケースマネジャー
病院
ケースマネジャー
地域事業所
支援の核
病院
地域事業所
行政

開拓期（０期）

萌芽期（Ⅰ期）

精神障害者に対する支援経験がある
退院支援をおこなうためにPSWが配置されている
精神障害者の退院支援経験がある
個別支援を通したやり取りの経験がある
退院を検討するケア会議等に地域事業者が参加している
機関には積極的な退院支援をおこなう意識がある
プログラムの試行チームがある
プログラム対象者が適切に選ばれている
モデル実施後の評価をおこなう
機関内でプログラムの活用が承認される

支援の核の形成

協働支援チームの形成

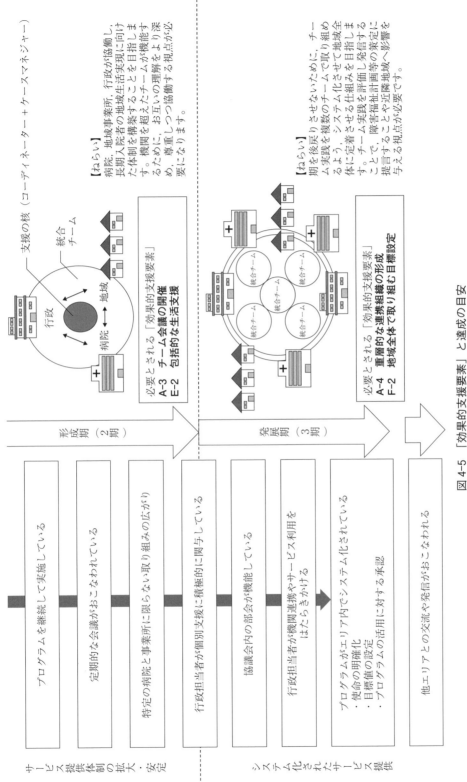

図4-5　「効果的支援要素」と達成の目安

【ねらい】
病院、地域事業所、行政が協働し、長期入院者の地域生活実現に向けた体制を構築することを目指します。機関を超えたチームが機能するために、お互いの理解をより深め、尊重しつつ協働する視点が必要になります。

支援の核（コーディネーター＋ケースマネジャー）
統合チーム
行政
地域
病院

必要とされる「効果的支援要素」
A-3　チーム会議の開催
E-2　包括的な生活支援

【ねらい】
期を後戻りさせないために、チーム実践を複数のチームで取り組め全地域るよう、システム化させて地域全体が定着する仕組みを目指します。チーム実践を評価する障害福祉計画等の策定にことで、提言することや近隣地域へ影響を与える視点が必要です。

必要とされる「効果的支援要素」
A-4　重層的な連携組織の形成
F-2　地域全体で取り組む目標設定

形成期（2期）

発展期（3期）

サービス提供体制の拡大・安定
　プログラムを継続して実施している
　定期的な会議がおこなわれている
　特定の病院と事業所に限らない取り組みの広がり
　行政担当者が個別支援に積極的に関与している

システム化されたサービス提供
　協議会内の部会が機能している
　行政担当者が機関連携やサービス利用をはたらきかける
　プログラムがエリア内でシステム化されている
　　・使命の明確化
　　・目標値の設定
　　・プログラムの活用に対する承認
　他エリアとの交流や発信がおこなわれる

コラム7

退院後の恢復への地平——「地域共生社会づくり」から切り拓く

木村 潔

特定非営利活動法人スペースぴあ　元理事長

　全国の校門は2001年の池田小事件により閉ざされました。その2年後に創設されたスペースぴあは，外房の千葉県茂原市本納の地で社会的入院の課題の一端を担うことをめざし，精神疾患を負った住民の暮らしを地域のただなかで16年間支え続けてきた非営利の運動体でした。自らの疾患や障害を隠したり隠されたりせずともよい地域社会が徐々につくられていくことを信じ，日々の暮らしのなかで私たちのありのままの姿を大らかに開示していくなかから地域社会が少しずつ変容し，精神疾患を負った住民に有形無形に加わっている社会的抑圧感が，徐々に溶解していくことを心から願ってきました。地元の御船町自治会のお祭りに毎年招かれて，一緒に子ども神輿にも加えていただくのに8年かかり，毎週木曜日の15時過ぎに本納小学校の花壇づくりにみんなで出かけることが叶うようになるまでに，14年もの歳月を要しました。

　15名ほどの団員のSpace Peer Voice Ensembleは，この10数年間で30近くの高齢者施設を開拓して繰り返し訪問し，自分たちの合唱団を紹介する際には障害の開示を毎回欠かさずにおこなってきました。毎月第3水曜日の朝には地域包括支援センター主催の「本納体爽会」が，地域の高齢者を集めて活動しています。私たちはこれが立ち上がる段階から自前の小さなホールを無償提供して彼らと一緒に歌を唄い続け，早くも3年目に入ろうとしています。多くの方々を前に自らを開示することは一人では怖気づいてできませんが，仲間と一緒ならば可能です。続けていると知らず知らずのうちに自分たちに生きる力が身につきはじめ，少しずつ自信が湧き出てきました。差別や偏見という赤信号を手をつないで恐るおそるみんなで渡ろうとしたところ，何と車の方が止まってくれたのです！　私たちは轢かれなかったのです。未だに強固な偏見や差別に晒されてはいますが，精神疾患はけっして不名誉な病ではなく，卑屈になることはなかったのです。日々の暮らしを通して自分たちの恢復途上の姿を大らかに周囲に開き，糖尿病や高血圧のように統合失調症をメジャーにしてしまい，人の心はとても脆いことを伝えていけばよいのです。私たちの姿がこの地域に日常的に散見され，よくも悪くも幾重にも話題になることは，逆に私たちの社会参加の度合いが高い証左だと思えばよいのです。

　目の前にあるA病院は地域医療を支えている総合病院ですが，精神科はありません。地域医療連携室にお願いして1年近く経った2年前から，毎春4階のラウンジで唄えるようになりました。精神疾患があると簡単な手術でも精神科のある総合病院へ回されるケースを方々で見てきましたが，拒絶されない医療を身近な地域に確保するには，私たちが院内で歌を唄うことも，誠に迂遠な試みではありますがいまは必要なのです。

　薬物療法は大切ですが，これのみで恢復するとは思えません。仲間と出会い，語り合い，社会参加の道を一つずつ身近な地域のただなかにつくりあげていくなかから，地域共生社会がつくられていきます。この営みの一つに，Space Peer Voice Ensembleの活動があるのです。

看護学部の実習生を毎年3回に分けて6年間受け入れていくなかで，B病院を2年前にご紹介いただき，講堂でのクリスマス会に招かれたのが，精神科病院のなかに入ることができた初めての体験でした。C病院ではデイケアルームでの合唱祭でふた夏唄うことができ，終了後に1時間ほどの懇談会を開いていただき，六つのテーブルに分かれて患者さんからの質問にみなでお答えしました。また，別の看護学部の実習生受け入れを機に，スーパー救急病棟へ移行中のD病院の閉鎖病棟内で，長期入院を余儀なくされている患者さんと一緒に初めて昨秋唄うことができ，歌と歌の合間には幾人もの団員が，自らの退院後の暮らしの一端を手短に語りました。医療と福祉の連携によって「精神障害にも対応した地域包括ケアシステム」を本納の地にもつくりあげたいのですが，10数年掛けてようやく連携できた三つの私立病院は，残念なことにどれもみなきわめて遠くにあるのです！　これらの病院から患者さんや医療従事者が大勢スペースぴあに見学に来られましたが，地域移行された方は多くはなく課題も残されています。

　10数年前から茂原市内の保育園や幼稚園にもお願いしてきましたが，私たちの受け入れは簡単には進みませんでした。E幼稚園への訪問演奏が3年かけて先月初めて実現し，心から感謝しています。スペースぴあという運動体が，「歌」で精神科病棟内や小学校や幼稚園のなかに入るのに，わずかこれだけのことを実現するのに，なんと10数年もの歳月を要したことになります。これが，私たちを取り巻くこの国の偽らざる現実なのです。2016年の春からは地元の本納公民館で，私たちと他の二つの音楽団体（女声コーラス・吹奏楽団）とによる春・秋の共演が実現し，地域共生社会づくりへと一歩前進しました。2017年の秋に茂原市内で初めておこなわれた，認知症のみさなんによる日本縦断マラソン「RUN伴」に私たちも歌で参加し，ゴールの市民室にて参加者全員で茂原市歌を唄いました。

　長期入院者の地域移行の一端を，これを地域の現場で覚悟をもって真正面から担えば，私たちの10棟あるグループホームは高齢化の課題にさらに深く直面します。認知症の方々やその家族にも社会参加の場が得られる仕組みを地域のみんなでつくりあげ，私たちもこの役割の一端を歌や花などで担うことができれば，地域社会をさらに変容させ，自分たちの恢復への地平がよりいっそう立ち顕われていくに違いありません。地域の方々を交えて周囲の耕作放棄地を花畑に変え，フラワーロードをつくり，この国の美しい童謡を唄い継ぎ，誰もが参加できる大らかな空間＝居場所をつくりあげていく営みを通して，私たちが負っている差別や偏見の軛から解き放たれていく地平を切り拓くことができれば……と，切に願っています。居室や仕事や役割を用意して長年にわたり病院の外側から働きかけてきた私の拙い地域移行への努力は，この国の闇の深い厳しい現実を前にして，挫折に挫折を積み重ねてきました。この経験に鑑み，地域共生社会づくりの旗を掲げながら一つずつ着実に地域を耕し続けることが，私たちにとって最も現実的な道なのではなかろうか……と考えるようになりました。

コラム8

ピアから求める地域移行・定着支援――「きた風と太陽」のようにあってほしい

澤田高綱

共に歩む市民の会　旭区生活支援センターほっとぽっと　ぴあスタッフ

　旭区生活支援センターほっとぽっとのピア活動として，現在の地域移行支援として「キャラバン隊かめ」（以下「かめ」）という活動をしています。以前横浜では退院促進事業があり，その一部を担えればと活動を始めたのですが，退院促進？　本人たちは退院したいのか，したくないのか，急いでいるのかわからないのに促進という考え方はできず，「カメ」のようにゆっくりと自分たちのペースで決められるようにすることがピアとして大事なのではないかと考え，病棟に地域の風を吹き込むというコンセプトで活動が始まりました。

　最初は病棟で長く入院されている方が浦島状態で現在の地域環境が変わってしまったこと，そして社会資源が増えたことを伝えるために病棟に集まった人たちに地域で住む当事者の生の声を伝えていくことをしました。同時に病棟で働くスタッフにも現在地域生活をしている当事者がどうしているのかを知ってもらい，地域で何ができるのか，病棟で何ができるのかを考えてもらうようにすることを大事にしてきました。

　そのうち，ある病院でスタッフ（PSW，看護師，OTなど）と入院患者とかめのメンバーと一緒に外へ出るということを実行しました。そこで大事にしたことは，スタッフも当事者と同じフラットな関係でチームとなって行動する。そしてみんなで話し合って次回どこへ行って，何をしたいのかを決める。それぞれが夢や希望，知識を本音で話し合って決めることを大事にしました。すると地域に興味をもってくる入院患者も増えてきました。それまで発言をしなかった人たちからも声がでたり，こちらも何が興味を引くのか，何ができないから困っているのかをお互い話し合いをするために地域のサロンを使って話し合ったり，ケーキやコーヒーフロートを作って病棟の人たちがかめのメンバーへのおもてなしをしてくれたり，地域の商店街に行きみんなで買い物ツアーをして感想を共有したり，みんなで映画館にいって好きな映画や食事をしたり，それをするためにバスや電車に乗ったりと地域の資源を知ってもらいながら練習することも結果してきました。

　ただイメージして知ってもらうのではなく，ただ入院患者に声かけをしていくのでもなく，スタッフも含めて地域の生活を肌で一緒に体験する。それまで病棟では何も話すことも笑顔すら出したこともなかった入院患者が，外で一緒に行動することによって挨拶をしてくれたり，自分から進んで前を歩いたり，自分が欲しかったものを手に入れてそれを笑顔で話してくれたりするようになりました。それを病棟のスタッフがみることで，それまで本人はここまでしかできないだろうと決めつけていたイメージを変えて本人の意見をもっと聞けるようにと，病棟スタッフからもかめに参加したい人たちが出てきました。結果としてその病院ではたくさんの長期入院患者が退院を選択できるようになっていき，また病棟スタッフも退院に対しての関わりやモチベーションが上がっていったように思います。

また，病棟が行っている心理プログラム（IMRのような）に「地域で生活するためのコツ」として1コマその時間にあてるようになりました。よりその方が安心して再入院を繰り返さないように，地域で住まう当事者が話し，意見交換することで，地域定着支援を意識した活動もしてきました。

　と，かめの話ばかりしていてもと思うので，私なりにピアサポートや地域移行・定着支援ということについて話をしていきたいと思います。

　ピアサポートについては，先に述べたかめの活動でもそうですが，何を大事にしどう行動すればいいのかを当事者と一緒に考えるからアイデアや配慮が生まれたのではないかと思います。専門家といっても必ずしも体験者ではありません。その地域にいる当事者がかつては入院経験や家族から離れるといった悩み，苦しみ，心配は同じような体験者しかもっていない当事者からしか学べないことは多いと思います。入院患者だけでなく専門家でもあるスタッフもともに学び経験し，そして何ができるのか考え実行する。そういう意味ではピア＝当事者ではないと思っています。それぞれの立場を生かしともに活動することこそピア（対等）サポートではないかと思います。

　かめに限らずほっとぽっとでのピア活動にはそれぞれの活動の推進役としての私も含めた，「ぴあスタッフ」がいますが，活動を主にしているのは活動に興味をもった当事者で研修などはほとんどおこなっていません。例えばいつも具合の悪い当事者でも地域で生活している姿だからこそつくられた当事者ではなく，生の当事者だから説得力があり意味があると思っています。私はそこを大事にみんなが活動しやすくするための推進役としておこなっています。

　地域移行・定着支援についてはタイトルに書いたように「きた風と太陽」の話のようになってもらえたらと思っています。北風のように「退院して外に出て暮らしなさい」と病棟から外へ風を無理やりふかすことで退院を進めるのではなく，「きた風」（北風ではなく）と書いたように入院患者だけでなくスタッフにも外の風を吹きこんできてほしい。そして太陽の光（外の光）を浴びて「外の世界は楽しくて自由だよ」と外の世界を感じてもらい，本人が自分から興味をもち本人が自分から退院したいと思えるようになればプランを練るのも行動するのもお互い楽しいかもしれません。地域で住むには何が大事なのか，病棟に地域で住むことを意識したことを一緒に考えて緩やかに移行してほしいです。地域と病棟がもっと連携し課題解決をする学びが大事かなと思います。それをつなげる役としてピアがよりよい橋渡し役ではないかと思って活動させていただいていますし，こういう活動が広がってほしいと思っています。

第Ⅱ部

実施マニュアル

第**5**章

効果的支援要素とプログラムの進め方
マニュアルとワークシートの使い方

　　この章では，第3章と第4章を踏まえ，筆者らが開発してきた「効果モデル」の「退院促進プログラム」の実施方法を「効果的支援要素」に基づき紹介します。これらの取り組みにより，各精神科病院と地域事業所・行政の連携協働が活性化し，退院促進・地域移行・地域定着支援が進むことが期待できます。

1　効果的支援要素の領域

　　効果的支援要素は，以下のA領域からF領域まで6領域に分類されます。

A：協働支援チームの形成（64頁〜）	D：具体的な退院準備（85頁〜）
B：病院広報とモチベーションサポート（74頁〜）	E：退院後の継続的支援（90頁〜）
C：関係づくりとケースマネジメント（79頁〜）	F：退院促進の目標設定（98頁〜）

2　効果的支援要素の項目

　　効果的支援要素は，各領域内でA-1，A-2，A-3……とさらに分類されており，236項目の「効果的支援要素の項目」から成り立っています。

3　効果的支援要素のチェックボックス

　　効果的支援要素の各項目は，いくつかのチェックボックス（□）で構成されます。実践の具体的な内容をチェックすることができます。

4　アンカーポイント　効果的支援要素を用いた評価

　　効果的支援要素は，チェックボックスとアンカーポイントで実践を評価することに役立ちます。チェックした要素を，アンカーポイントで点数化します。■は重要な必須要素です。みなさんの実践がどのくらい効果的支援要素に該当するかチェックして，点数を集計表（62頁）に記入してみてください。

5　現場からの声

　　各効果的支援要素を達成するためのユニークな工夫や取り組みを紹介します。これまで，研究プロジェクトで得られた意見を中心にまとめました。みなさんのアイデアや実践も，余白にたくさん書き込んでみてください。

6　効果的支援要素のワークシート活用法

　　各効果的支援要素のチェックボックスとアンカーポイントは，3 回書き込むことができます。定期的に評価することで，自分たちの実践の振り返りができます。アンカーポイントの点数は，集計表に記入して，レーダーチャートで示すことで，すでに実践されていること，まだできていないことを，可視化することができます。自分の機関や地域の強みを知ることができるとともに，課題や対策を検討することができるでしょう。ここで示されるレーダーチャートは，戦略ガイドラインの「全体構想シート」でも活用されます。

図 5-1　ワークシートの例

アンカーポイント集計表

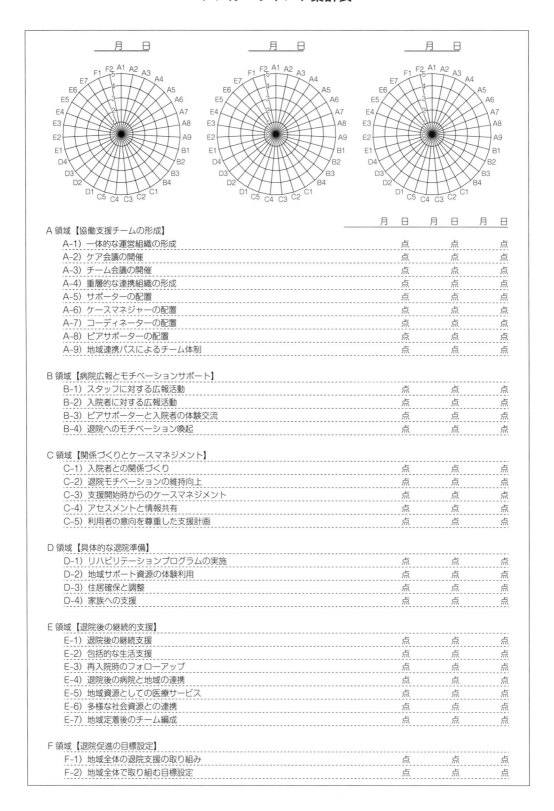

	月 日	月 日	月 日
A 領域【協働支援チームの形成】			
A-1）一体的な運営組織の形成	点	点	点
A-2）ケア会議の開催	点	点	点
A-3）チーム会議の開催	点	点	点
A-4）重層的な連携組織の形成	点	点	点
A-5）サポーターの配置	点	点	点
A-6）ケースマネジャーの配置	点	点	点
A-7）コーディネーターの配置	点	点	点
A-8）ピアサポーターの配置	点	点	点
A-9）地域連携パスによるチーム体制	点	点	点
B 領域【病院広報とモチベーションサポート】			
B-1）スタッフに対する広報活動	点	点	点
B-2）入院者に対する広報活動	点	点	点
B-3）ピアサポーターと入院者の体験交流	点	点	点
B-4）退院へのモチベーション喚起	点	点	点
C 領域【関係づくりとケースマネジメント】			
C-1）入院者との関係づくり	点	点	点
C-2）退院モチベーションの維持向上	点	点	点
C-3）支援開始時からのケースマネジメント	点	点	点
C-4）アセスメントと情報共有	点	点	点
C-5）利用者の意向を尊重した支援計画	点	点	点
D 領域【具体的な退院準備】			
D-1）リハビリテーションプログラムの実施	点	点	点
D-2）地域サポート資源の体験利用	点	点	点
D-3）住居確保と調整	点	点	点
D-4）家族への支援	点	点	点
E 領域【退院後の継続的支援】			
E-1）退院後の継続支援	点	点	点
E-2）包括的な生活支援	点	点	点
E-3）再入院時のフォローアップ	点	点	点
E-4）退院後の病院と地域の連携	点	点	点
E-5）地域資源としての医療サービス	点	点	点
E-6）多様な社会資源との連携	点	点	点
E-7）地域定着後のチーム編成	点	点	点
F 領域【退院促進の目標設定】			
F-1）地域全体の退院支援の取り組み	点	点	点
F-2）地域全体で取り組む目標設定	点	点	点

記入例

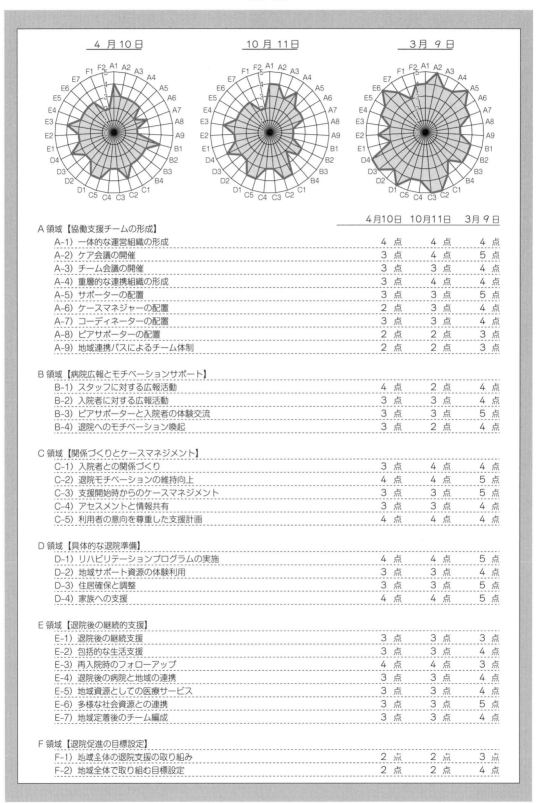

	4月10日	10月11日	3月 9 日
A 領域【協働支援チームの形成】			
A-1) 一体的な運営組織の形成	4 点	4 点	4 点
A-2) ケア会議の開催	3 点	4 点	5 点
A-3) チーム会議の開催	3 点	3 点	4 点
A-4) 重層的な連携組織の形成	3 点	3 点	4 点
A-5) サポーターの配置	3 点	3 点	5 点
A-6) ケースマネジャーの配置	2 点	3 点	4 点
A-7) コーディネーターの配置	3 点	3 点	4 点
A-8) ピアサポーターの配置	2 点	3 点	3 点
A-9) 地域連携パスによるチーム体制	2 点	2 点	3 点
B 領域【病院広報とモチベーションサポート】			
B-1) スタッフに対する広報活動	4 点	2 点	4 点
B-2) 入院者に対する広報活動	3 点	3 点	4 点
B-3) ピアサポーターと入院者の体験交流	3 点	3 点	5 点
B-4) 退院へのモチベーション喚起	3 点	2 点	4 点
C 領域【関係づくりとケースマネジメント】			
C-1) 入院者との関係づくり	3 点	4 点	4 点
C-2) 退院モチベーションの維持向上	4 点	4 点	5 点
C-3) 支援開始時からのケースマネジメント	3 点	3 点	4 点
C-4) アセスメントと情報共有	3 点	3 点	4 点
C-5) 利用者の意向を尊重した支援計画	4 点	4 点	4 点
D 領域【具体的な退院準備】			
D-1) リハビリテーションプログラムの実施	4 点	4 点	5 点
D-2) 地域サポート資源の体験利用	3 点	3 点	4 点
D-3) 住居確保と調整	3 点	3 点	5 点
D-4) 家族への支援	4 点	4 点	5 点
E 領域【退院後の継続的支援】			
E-1) 退院後の継続支援	3 点	3 点	3 点
E-2) 包括的な生活支援	3 点	3 点	4 点
E-3) 再入院時のフォローアップ	3 点	4 点	4 点
E-4) 退院後の病院と地域の連携	3 点	3 点	4 点
E-5) 地域資源としての医療サービス	3 点	3 点	4 点
E-6) 多様な社会資源との連携	3 点	3 点	5 点
E-7) 地域定着後のチーム編成	3 点	3 点	4 点
F 領域【退院促進の目標設定】			
F-1) 地域全体の退院支援の取り組み	2 点	2 点	3 点
F-2) 地域全体で取り組む目標設定	2 点	2 点	4 点

A領域　協働支援チームの形成

　地域移行支援は，その後の安定した地域生活の継続までを見通しておこなわれています。そのため，このプログラムではサービスを提供する組織が，一体的で継続的・包括的な支援を提供することができるような体制を提案しています。

　A領域は，プログラムを実施するために必要な運営体制や組織，関係機関間の協働を実現するために必要な内容が書かれています。その体制等は，このプログラムでのエリアを対象として組まれることを前提としています。地域で，相談支援事業所，精神科病院，行政などが地域性に合わせながら一体的に機能することで，プログラムゴールである質の高い自立（自律）的な地域生活の実現や生活満足度の向上を達成することができると，筆者らは考えています。

　例えば，ケア会議やチーム会議には地域事業所，病院や行政担当者が参加します。退院支援にかかわる機関や関係者がプログラムを実施し，ミクロ，メゾ，マクロでそれぞれの課題をつなぐためには，重層的な連携組織が必要になるのです。

　多忙な現場では，定期的な会議が困難な場合も多いでしょう。適時に情報や方針を検討するための工夫が求められます。病院及び地域事業所のコーディネーターを中心に，協働支援チーム内で顔の見える関係を築くことや，それぞれの役割と機能を相互に理解しあうための働きかけが必要となります。

A領域【協働支援チームの形成】の構成項目

A-1　一体的な運営組織の形成
A-2　ケア会議の開催
A-3　チーム会議の開催
A-4　重層的な連携組織の形成
A-5　サポーターの配置
A-6　ケースマネジャーの配置
A-7　コーディネーターの配置
A-8　ピアサポーターの配置
A-9　地域連携パスによるチーム体制

A-1　一体的な運営組織の形成

　利用者に一体的なサービスを提供するための会議や部門が事業所・病院にあり，コーディネーターはそれぞれに配置されることが想定されています。支援の経過のなかでそれぞれのコーディネーターの主たる役割やかかわりは変化していきます。

年／月			効果的支援要素
／	／	／	
☐	☐	☐	地域事業所と病院，行政等のチームとして連絡を取りながらプログラムを進める
☐	☐	☐	地域事業所と病院，行政等のチームは，利用者に対して協働してサービスを提供している
☐	☐	☐	病院内の多職種で構成される退院支援チームが地域事業所，行政等と連動している
☐	☐	☐	地域事業所と病院，行政等のチームは合同でケア会議をおこなう
☐	☐	☐	地域事業所と病院，行政等のチームがプログラムを進めるための定期的な勉強会・連携調整会議を開催している
☐	☐	☐	地域事業所と病院，行政等のチームは地域移行に向けた地域連携パス（A-9）を作成している

【アンカーポイント】

1点	2点	3点	4点	5点
☐項目に該当するものがない	☐項目の1～2項目が該当する	☐項目の3～4項目が該当する	☐項目の5項目が該当する	☐項目の6項目，全てが該当する
【支援要素得点】	年　　　月　　点／5点		年　　　月　　点／5点	年　　　月　　点／5点

【現場からの声】

開拓期未満：「所属する組織の内外で，退院に向けた思いが同じ人を見つけ，声をかけました。」
開拓期：「地域と病院の支援者が参加する飲み会を企画し，お互いに気軽に相談できる関係になりました。」
萌芽期：「これまで連携のなかった病院や地域事業所，そして行政機関にも声をかけました。」
形成期：「精神保健福祉にかかわる支援者に広く会議や勉強会に参加してもらえるよう声をかけます。」
発展期：「他の地域の支援者と研修などさまざまな交流を通してネットワークを広げています。」

A-2　ケア会議の開催

　地域事業所と病院のコーディネーターを中心にケア会議を開催し，利用者を中心に地域生活を見通した支援を組み立てていきます。サポーターが複数部署から参加することが望ましく，今後かかわりを持つことになる行政担当者も参加できるとよいでしょう。

年／月			効果的支援要素
■	■	■	病院と地域事業所が定期的にケア会議を開催する
☐	☐	☐	利用者全体の5割以上が月1回以上ケア会議をおこなう
☐	☐	☐	利用者本人が参加
☐	☐	☐	利用者家族が参加
☐	☐	☐	医師が参加
☐	☐	☐	病棟看護師が参加
☐	☐	☐	精神保健福祉士が参加
☐	☐	☐	作業療法士等が参加
☐	☐	☐	地域移行後の地域生活支援を担当する部門（訪問看護，デイケアなど）の担当者が参加
☐	☐	☐	行政担当者が参加
☐	☐	☐	ピアサポーターが参加
☐	☐	☐	地域移行後にかかわる地域のサポーターが参加（地域活動支援センターや就労継続支援事業所等の関係する事業所スタッフ）

【アンカーポイント】

1点	2点	3点	4点	5点
定期的な会議は開催されていない	■項目が該当する	■項目が該当し，☐項目の1～4項目が該当する	■項目が該当し，☐項目の5～6項目が該当する	■項目が該当し，☐項目の7～11項目が該当する

【支援要素得点】	年　　　月 点／5点		年　　　月 点／5点	年　　　月 点／5点

【現場からの声】

開拓期：「さまざまな会議の場で退院促進について他の職員に説明をおこないました。」
萌芽期：「ケア会議では退院支援の方向性を共有し，情報交換を密にすることを意識した話し合いがおこなわれました。」
形成期：「ケア会議のメンバーとしてピアサポーター，精神保健福祉以外の領域からの専門職を迎えました。」
発展期：「職種・立場にかかわらず，退院支援にかかわる人たちがメンバーとして参加しています。」

A-3　チーム会議の開催

　地域事業所，病院，行政が一体となって情報を共有し，検討することができるチーム会議を開催します。利用者に関する情報や利用者のニーズおよびエリアにおける支援の実態や状況を共有することで包括的な支援が可能になります。

年／月			効果的支援要素
■	■	■	地域事業所等，病院，行政の担当者が集まる会議が定期的におこなわれている
☐	☐	☐	地域事業所等，病院，行政と長期入院の対策を検討される定期的な会議が2か月に1回以上ある
☐	☐	☐	チーム会議にサポーターが参加する
☐	☐	☐	チーム会議に地域事業所のコーディネーターが参加する
☐	☐	☐	チーム会議に行政担当者が参加する
☐	☐	☐	利用者の不調時は速やかに会議を開催し情報共有，対応を検討する体制がある
☐	☐	☐	地域事業所等のサポーターは病院が定期的に開催するカンファレンス等に参加（医療保護入院者退院支援委員会等含む）
☐	☐	☐	チーム会議が地域資源体験等のフィードバックを得る機会として活用されている
☐	☐	☐	地域事業所等，病院，行政の担当者が集まる会議が定期的におこなわれている

【アンカーポイント】

1点	2点	3点	4点	5点
定期的な会議は開催されていない	■項目が該当する	■項目が該当し，☐項目の1～2項目が該当する	■項目が該当し，☐項目の3～4項目が該当する	■項目が該当し，☐項目の5～8項目が該当する
【支援要素得点】	年　　　月 点／5点		年　　　月 点／5点	年　　　月 点／5点

【現場からの声】

開拓期：「不定期ですが，月1回は情報交換のために退院支援の担当者が顔を合わせるようにしました。」

萌芽期：「地域事業所，病院，行政機関の担当者が定期的に退院支援のための会議を実施しています。」

形成期：「個別の支援に対応するだけではなく，事例検討を行い支援方法が多くのチームで共有されています。」

発展期：「年間を通して，退院促進のためのチーム会議や勉強会を実施しています。」

A-4　重層的な連携組織の形成

　地域事業所，病院，行政を含めたエリアで重層的な連携組織をつくることで，退院促進，地域移行定着支援を効果的かつ包括的に実施することができます。

年／月			効果的支援要素
■	■	■	地域事業所，病院，行政が参加する地域移行や地域定着支援の会議がある
□	□	□	各機関の責任者（管理者など）が参加する地域移行・地域定着支援の会議がある
□	□	□	地域事業所，病院，行政が連携して以下のものが実施される（ケア会議，チーム会議，カンファレンス，ケースマネジメント，地域連携パス作成など）
□	□	□	行政の担当者が明確にされている
□	□	□	障害福祉サービスなどの利用方法が利用者に理解されている
□	□	□	自立支援協議会等とリンクした退院促進・地域定着支援の会議が2～3か月に1回以上開催されている（例えば「地域移行部会」と呼ばれる長期入院解消を検討される会議を含み，検討された内容が障害福祉計画等に反映される可能性を持つもの）
□	□	□	会議で検討された内容が障害福祉計画等に反映される可能性を持つ

【アンカーポイント】

1点	2点	3点	4点	5点
■項目に該当する会議がない	■項目が該当する	■項目が該当し，□項目の1項目が該当する	■項目が該当し，□項目の2～3項目が該当する	■項目が該当し，□項目の4～6項目が該当する
【支援要素得点】	年　　月　　点／5点		年　　月　　点／5点	年　　月　　点／5点

【現場からの声】

開拓期：「病院や地域事業所のある地域の社会資源を把握するため，【全体構想シート】（140頁）に記入を始めました。」

萌芽期：「病院と地域事業所で共通のケース記録や相談シートのフォーマットを作成しました。」

形成期：「地域の精神保健福祉のネットワークを活用することで，地域全体の精神保健福祉に関する問題を共有できるようになりました。」

発展期：「精神保健福祉に関する自治体の調査，講座，研究事業，計画策定にむけた取り組みに病院や地域事業所から参加しています。」

A-5　サポーターの配置

　利用者の退院支援をおこなうサポーターは，各機関に専任で配置されていることが望ましく，複数の専門職種が担うことが期待されます。そこにピアスタッフやピアサポーターが含まれることで，より利用者のニーズにそった効果を期待できるでしょう。

年／月			効果的支援要素
／	／	／	
■	■	■	利用者を個別担当するサポーターがいる （以下の機能を持つまたは関与する）
☐	☐	☐	関係づくり，退院に向けたモチベーション喚起
☐	☐	☐	支援計画作成のためのアセスメント
☐	☐	☐	支援計画作成
☐	☐	☐	退院に向けた相談支援
☐	☐	☐	退院に向けたケア会議の開催と参加
☐	☐	☐	退院に向けた地域資源見学・体験のための支援
☐	☐	☐	入院中の支援計画のモニタリング
☐	☐	☐	支援計画に基づいた地域資源の紹介・調整
☐	☐	☐	退院後の支援計画のモニタリング
☐	☐	☐	退院後，訪問などによる継続支援
☐	☐	☐	退院後，緊急時の対応と支援

【アンカーポイント】

1点	2点	3点	4点	5点
サポーターの個別担当制はない	■項目が該当し，☐項目の1〜4項目が該当する	■項目が該当し，☐項目の5〜7項目が該当する	■項目が該当し，☐項目の8〜9項目が該当する	■項目が該当し，☐項目の10〜11項目が該当する
【支援要素得点】	年　　月 点／5点		年　　月 点／5点	年　　月 点／5点

【現場からの声】

開拓期：「地域移行のために個々の支援者が専門性にあった退院促進のための業務内容を明確にしました。」

萌芽期：「病棟の精神保健福祉士や看護師をサポーターとして位置づけました。」

形成期：「病院や地域事業所だけではなく，行政機関，さらには退院を経験した利用者ピアサポーターとしてチームを組み，活動をしています。」

発展期：「民生委員や精神保健ボランティアもサポーターとして活動をしています。」

A-6　ケースマネジャーの配置

　ケースマネジャーは退院に向けた他機関との連携を通した支援サービス，退院後の生活における直接支援サービスを同時に提供します。

	年／月		効果的支援要素
／	／	／	
■	■	■	ケースマネジャーがいる （以下の機能を持つまたは関与する）
□	□	□	初期に危機介入を含めたエリアでのチームについて説明
□	□	□	支援計画作成のためのアセスメント
□	□	□	支援計画作成
□	□	□	退院に向けた相談支援
□	□	□	退院に向けた地域資源見学・体験のための支援
□	□	□	退院に向けたケア会議の開催
□	□	□	支援計画に基づいて地域資源の紹介・調整
□	□	□	入院中および退院後の支援計画のモニタリング
□	□	□	退院後，訪問などによる継続支援
□	□	□	退院後，緊急時の対応と支援

【アンカーポイント】

1点	2点	3点	4点	5点
ケースマネジャーがいない	■項目が該当し，□項目の1〜4項目が該当する	■項目が該当し，□項目の5〜6項目が該当する	■項目が該当し，□項目の7〜8項目が該当する	■項目が該当し，□項目の9〜10項目が該当する
【支援要素得点】	年　　　月 点／5点		年　　　月 点／5点	年　　　月 点／5点

【現場からの声】

開拓期：「ケースマネジャーとして活動できるように役割を理解します。」

萌芽期：「ケースマネジャーが病院と地域事業所のそれぞれに配置されたことで，組織を超えた連携が開始されました。」

形成期：「一つの組織内に複数のケースマネジャーが配置され，利用者支援について地域と医療機関の連携が重層的になりました。」

発展期：「ケースマネジャーが行政機関にも配置されました。」

A-7　コーディネーターの配置

　コーディネーターは意識的にチームでの連絡調整会議等を開催し，包括的支援の実施体制を整えます。病院と地域事業所内にはそれぞれコーディネーターが配置されます。また，行政機関にもコーディネーターが配置されるとよいでしょう。

年／月			効果的支援要素
■	■	■	コーディネーターが地域事業所と病院の双方に配置されている
□	□	□	チームが利用者のために，一体的な支援活動が行えるように調整する
□	□	□	定期的な勉強会・連携調整会議に参加する
□	□	□	チームの連絡調整会議を開催する
□	□	□	地域連携パスに関する会議に参加する
□	□	□	病院に対してプログラムの日常的な広報活動を行う
□	□	□	行政，医療，福祉，民間企業など関係機関に対して，必要な新たな社会資源の開発をはたらきかける
□	□	□	新規事業所に対し，退院促進に関する知識や情報を伝えている
□	□	□	家族支援をする組織を育成する
□	□	□	サポーターに対してスーパービジョンをおこなう
□	□	□	ピアサポーターに対して日常的な支援を提供する

【アンカーポイント】

1点	2点	3点	4点	5点
コーディネーターがいない	■項目が該当し，□項目の１〜３項目が該当する	■項目が該当し，□項目の４〜６項目が該当する	■項目が該当し，□項目の７〜８項目が該当する	■項目が該当し，□項目の９〜10項目が該当する
【支援要素得点】	年　　　月　　点／5点		年　　　月　　点／5点	年　　　月　　点／5点

【現場からの声】

開拓期：「病院内に地域と連携をおこなうことを目的としたサポーターが活動を始めました。」

萌芽期：「ケースマネジャーとして活躍をし，コーディネーターの役割を他のサポーターに伝えながら，地位を獲得していきます。」

形成期：「コーディネーターは，病院と地域事業所の間だけではなく，行政機関や地域住民もターゲットとして連携をしていきます。所属する組織からコーディネーターとして活動することを承認されています。」

発展期：「自分たちが活動する地域だけではなく，他の地域とも広く連携を取っています。」

A-8　ピアサポーターの配置

　入退院を経験したピアサポーターから地域生活の様子を聞くことは，入院者にとっては退院や地域生活への興味や関心につながります。地域生活を送る先輩として，自らの地域生活に向けてイメージを膨らませることができ，漠然としていた不安も，ピアサポーターの助言によって解決方法が見つかるでしょう。また，入院者から生活者となったピアサポーターの存在や活動はサポーターの意識変化にもつながります。

　さらに，このプログラムではピアサポーターが事業所と雇用契約を交わし，ピアスタッフとして協働支援チームに位置づくことが望ましいでしょう。

年／月			効果的支援要素
■	■	■	ピアサポーターがチームのメンバーにいる
□	□	□	日中活動の場で担当ピアサポーターが明確にされていて，日中活動などの内容を紹介する
□	□	□	地域資源への見学，外出同行，体験利用を支援する
□	□	□	退院後の利用者がピアサポーターとして活動することを支援する
□	□	□	支援に携わるピアサポーターが組織化されている
□	□	□	ピアサポーターとして研修等を受ける機会がある
□	□	□	協議会等を含めた，長期入院に関する連絡会などに参加する
□	□	□	地域事業所と雇用契約を結んでいる（雇用形態が明確である）

【アンカーポイント】

1点	2点	3点	4点	5点
チームにピアサポーターがいない	■項目が該当し，□項目のうち1項目が該当する	■項目が該当し，□項目の2〜3項目が該当する	■項目が該当し，□項目の4〜5項目が該当する	■項目が該当し，□項目の6〜7項目が該当する
【支援要素得点】	年　　　月 点／5点		年　　　月 点／5点	年　　　月 点／5点

【現場からの声】

開拓期：「病棟内に地域のサポーターが入ることが難しい場合には，生活保護のケースワーカーに声をかけて入院者と関係づくりをおこないます。」

萌芽期：「地域事業所では，退院者が自分の経験を話す機会定期的に設けました。医療機関では，病棟に退院者が遊びにきてもらいました。」

形成期：「ピアサポーターとして自分の経験を語るため，出張講座を開始しました。また，地域事業所等ではピアサポーターの雇用を始めました。」

発展期：「事業所や病院でピアサポーターの養成講座を開催しています。」

A-9 地域連携パスによるチーム体制

　地域連携パスは作成する過程にも意義があり，多職種による協議を促進し，個々の支援過程を可視化できるツールとして使われます。それぞれのチームに合った地域連携パスの運用が望まれています。

年／月			効果的支援要素
／	／	／	
■	■	■	地域連携パスを作成している
□	□	□	コーディネーターが作成に関与している
□	□	□	チームで取り組む支援内容が記載されている
□	□	□	ピアサポーターが取り組む支援内容が記載されている
□	□	□	地域連携パスに基づく入院者の退院支援計画作成に，コーディネーターやサポーターが関与する
□	□	□	内容は随時見直されている
□	□	□	チーム以外のスタッフにも共有されている
□	□	□	利用者用の地域連携パスがある
□	□	□	利用者の役割が明確に示されている
□	□	□	地域定着までを視野に入れたパスになっている
□	□	□	地域事業所と病院が協働して作成している

【アンカーポイント】

1点	2点	3点	4点	5点
地域連携パスを作成していない	■項目が該当する	■項目が該当し，□項目の1～3項目が該当する	■項目が該当し，□項目の4～6項目が該当する	■項目が該当し，□項目の7～10項目が該当する
【支援要素得点】	年　　月 点／5点		年　　月 点／5点	年　　月 点／5点

【現場からの声】

開拓期：「本書の地域移行に必要な支援要素を確認しながら活動を開始しました。」

萌芽期：「本書による地域移行の支援要素の他に，地域の実情に沿って必要とされる支援を追加しています。その際，病院と地域で追加した項目を共有するよう気をつけています。」

形成期：「本書と一緒に，病院内で活用しているクリニカルパスを活用し，オリジナルの『地域連携パス』を作成しました。」

発展期：「オリジナルの地域連携パスを活用しています。また，必要に応じて適宜修正をおこなっていきます。」

B領域　病院広報とモチベーションサポート

　「病院のスタッフ以外にも，地域に自分たちの退院を手助けする人がいる」，それを知っている入院者は，けっして多くはないのではないでしょうか。また，病棟スタッフは「地域移行支援」事業をどれだけ詳しく知っているでしょうか。

　B領域はまだプログラムの利用者になる前の段階で，入院者と病棟スタッフにプログラムを知ってもらうこと，そのために必要な機会や場の設定についての項目です。病棟スタッフと入院者に向けたていねいな支援体制，支援内容の周知方法やプログラム内容の共有のために必要な事項，またプログラム周知のためのツールの活用方法や「場」の設定について必要な事項について挙げています。プログラムを知る機会を増やすことで，入院者はもちろんのこと，看護師をはじめとした病棟スタッフも，退院支援をおこなう地域の資源を知り，地域生活に関するイメージを持つことができます。

　また，この領域ではピアサポーターに関する項目も提示しています。ピアサポーターは「当事者性」を持ちながら支援にかかわることができ，すでに地域生活を送っている先輩として，モデルとして入院者に地域生活を見せることができます。また，退院が難しいと思われた人が，今は地域で生活し，いきいきとピアサポーターとの役割を担う姿は，スタッフにとっても励みになる存在でもあります。あの人も退院できるのでは？　と次の退院候補者の検討にもつながるのではないでしょうか。

　退院について前向きに考えることができなかったり，あるいは，退院や地域生活に関する情報に触れることで不安を感じたり，できないことばかりが気になって焦ってしまう入院者も多いでしょう。長い期間の入院を経験すれば「退院したい」という前向きな気持ちと「退院することが不安だ」という後ろ向きな気持ちを持つことはあたりまえの心の揺れだと言えます。退院について積極的に検討できるように，既存のプログラムを活用したり，ていねいに向き合う支援が求められます。

　本人の退院の意思が明確な入院者や退院の意思を明確にしていなくても退院支援の対象になり得る入院者への働きかけは積極的におこなうかもしれませんが，本来は入院者すべてに退院のニーズがあると考え，支援者側の事業や判断を優先しないよう留意することが求められます。

B領域【病院広報とモチベーションサポート】の構成項目

B-1　スタッフに対する広報活動
B-2　入院者に対する広報活動
B-3　ピアサポーターと入院者の体験交流
B-4　退院へのモチベーション喚起

B-1 スタッフに対する広報活動

利用者にかかわる病院と地域事業所のサポーター，ケースマネジャーやコーディネーター（以下，サポーター等）はプログラムの必要性や意義，有効性を共有します。そのうえで，病院スタッフに対する積極的なプログラムの広報活動，既存の院内プログラムの活用可能性についても双方のサポーター等を中心に検討をおこないます。とくに病院の管理者に対するプログラム説明は，チームメンバーとなる地域サポーター等とともにおこない，顔を合わせる機会をつくります。

年／月 ／ ／ ／	効果的支援要素
■ ■ ■	病院の地域移行支援を中心に担うサポーター等が中心となり，病院内でプログラムに関する広報をおこなう
□ □ □	病院・病棟向けのプログラム紹介ツールがある（パンフレット，ポスター，ビデオ等）
□ □ □	病院，地域事業所のサポーター等が担う広報活動等に対して相互に協力することを依頼している
□ □ □	ピアサポーターが病棟スタッフに対してプログラムを説明する機会が設けられている
□ □ □	作業療法・デイケア等，院内の既存プログラムも活用してプログラムを紹介している
□ □ □	地域事業所と一緒に，病院の管理者に対してプログラム説明をおこなう
□ □ □	地域事業所と一緒に，病院スタッフを対象としたプログラム説明会を開催している
□ □ □	地域事業所と一緒に，定期的に開催される病棟勉強会等を活用してプログラムの理解を求めている
□ □ □	地域事業所と一緒に，病院の管理者やスタッフに対して行政とともにプログラム参加を依頼している

【アンカーポイント】

1点	2点	3点	4点	5点
広報がおこなわれていない	■項目が該当し，□項目の1～3項目が該当する	■項目が該当し，□項目の4～5項目が該当する	■項目が該当し，□項目の6～7項目が該当する	■項目が該当し，□項目の8項目全て該当する
【支援要素得点】	年 月 点／5点		年 月 点／5点	年 月 点／5点

【現場からの声】

開拓期：「ナースステーションで退院支援にかかわっていない看護師にも何を話すのか意識して話をすることで，まずは興味をもってもらう工夫をしていました。」

萌芽期：「行政担当者に依頼して，一緒に病院の管理者への説明をおこない，他の病院の情報も伝えてもらうことで，より協力が得やすくなることがありました。」

形成期：「他の病院で地域移行支援をおこなったことのある病棟の看護師と緒に，他病院の紹介などをおこなったことで，病棟の他のスタッフにも理解が広まりました。」

発展期：「病院内の研修会などで，スタッフに意識変化のための研修を定期的におこなっています。」

B-2　入院者に対する広報活動

　プログラムを積極的に広報することによって，すぐには退院が難しい入院者も含めて，入院者すべてがこのプログラムの存在を知り，支援内容を具体的に理解するように促します。

年／月			効果的支援要素
／	／	／	
☐	☐	☐	ポスターを各病棟に掲示する
☐	☐	☐	パンフレットを各病棟に配置する
☐	☐	☐	病棟全体に対するプログラムについての説明会を開催する
☐	☐	☐	プログラム内容を説明するグループワークを開催し，入院者に対して行う
☐	☐	☐	病棟に説明コーナーを設置することや，地域事業所のサポーター等が定期的に病棟に出向き，プログラムの説明を行う
☐	☐	☐	病院・病棟のイベント時に説明会を開く
☐	☐	☐	入院者のグループ活動の中で，サポーター等からプログラム内容を説明する機会を設ける
☐	☐	☐	主治医・サポーター等が地域事業所の協力を得て，入院者個々にプログラムの説明をする
☐	☐	☐	病院と地域事業所のサポーター等が協働して，プログラム参加に不安のある入院者に対して，個別にていねいにプログラムの説明をする

【アンカーポイント】

1点	2点	3点	4点	5点
☐項目に該当するものがない	☐項目の1〜2項目が該当する	☐項目の3〜5項目が該当する	☐項目の6〜8項目が該当する	☐項目の9項目全て該当する
【支援要素得点】	年　　　月 　　　点／5点		年　　　月 　　　点／5点	年　　　月 　　　点／5点

【現場からの声】

開拓期：「他の入院者への影響を懸念して，一斉にパンフレットを配ることができない場合があります。グループや病棟全体での説明では『退院』という言葉をあまり用いないように求められることもあります。そのようななかでも，興味を示した入院者には確実に情報が届くように，個別面接を利用してのプログラム説明をおこなっています。」

萌芽期：「入院者への広報に関しては，病院サポーター等に橋渡し役を依頼しておこなっています。」

形成期：「病院に委託し，ポスター，チラシなどを独自に用意しました。」

発展期：「地域事業所のサポーター等が病院と協働しながら，プログラムの理解や協力を求めるなど入院者に対して，積極的に（広報を）おこなっています。」

B-3　ピアサポーターと入院者の体験交流

　退院を経験したピアサポーターとの交流，情報交換の場を持つことは，入院者にとって地域生活の具体的なイメージを持つことができ，退院に向けて積極的な場合はもちろんのこと，退院に消極的な場合でも，地域生活に興味を持つきっかけになります。作業療法や退院を意識したグループ活動（服薬管理や社会資源見学ツアー等）への参加や病棟での講演など，さまざまな機会を創出することができます。

年／月			効果的支援要素
／	／	／	
☐	☐	☐	病棟全体を対象としてピアサポーターによる講演会を開催する
☐	☐	☐	病棟で行うグループワークや作業療法等の機会にピアサポーターをゲストとして招待する
☐	☐	☐	ピアサポーターが病棟訪問し，プログラムについて説明する機会が月1日以上ある
☐	☐	☐	ピアサポーターが個別訪問をおこなう場合，本人の希望するペースに応じて実施する
☐	☐	☐	ピアサポーターが病棟デイルーム等に定期的に滞在する機会がある
☐	☐	☐	病院・病棟のイベント時にピアサポーターによる説明会を開く
☐	☐	☐	病院 OB でなくてもピアサポーターとして病棟に入ることができる
☐	☐	☐	入院者にピアサポーターとの幅広い交流の機会を提供する
☐	☐	☐	ピアサポーターは病院・病棟のスタッフに支援の進め方を相談することができる

【アンカーポイント】

1点	2点	3点	4点	5点
☐項目に該当するものがない	☐項目の1〜2項目が該当する	☐項目の3〜5項目が該当する	☐項目の6〜8項目が該当する	☐項目の9項目全て該当する
【支援要素得点】	年　　月　　点／5点		年　　月　　点／5点	年　　月　　点／5点

【現場からの声】

開拓期：「病棟から退院した人に，ピアサポーターの説明をすることから始めました。」

萌芽期：「退院したピアサポーターとの体験交流により，入院中の様子を知る他の入院者やスタッフは，ピアサポーターがもともと持っていた力や退院準備でつけた力，さらに地域での顔を知ることができます。」

形成期：「ピアサポーターがモデルとなり，退院をあきらめていた人への退院意欲につながります。『あの大変だったAさんが大丈夫なんだから，私もできるかもしれない』と考えるかもしれません。」
「ピアサポーターが病棟訪問時に話すテーマには，入院中に自分たちが知りたかったことを盛り込んでいます。」

発展期：「院内の入院者同士が自由に交流できるデイルームなどのオープンスペースがあります。退院後の生活の写真を掲示したり，定期的にピアサポーターが来院し相談会を開いたり，直接退院についての相談や体験談などを聞くための場として活用されています。」

B-4　退院へのモチベーション喚起

　　入院者が地域生活を積極的にめざすことができるように，退院へのモチベーションを維持，向上するような働きかけ（モチベーションサポート）が必要となります。病院内の会議でプログラムの実施状況を報告する機会があることで，病院内の職員がプログラムを意識し，入院者への働きかけをおこなうことができます。

年／月 ／　　／　　／	効果的支援要素
☐　☐　☐	サポーターが長期入院者との日々のかかわりのなかで，退院を考えることができるようなモチベーションサポート（例えば面接や言葉かけなど）をおこなっている
☐　☐　☐	長期入院者に対して，主治医，病棟看護師等から積極的にプログラムのアナウンスをおこなう
☐　☐　☐	本人の退院の不安や課題を，チームだけでなく病棟スタッフと共有しながら受け止めている
☐　☐　☐	地域生活を想定した退院準備のためのプログラムが用意されていて，参加することができる
☐　☐　☐	病院職員等の意識を高めるために定期的に開催される病院内の会議（部門管理職以上の役職者が参加する会議）において，退院支援の検討とプログラム実施状況報告をおこなっている

【アンカーポイント】

1点	2点	3点	4点	5点
☐項目に該当するものがない	☐項目の1項目が該当する	☐項目の2～3項目が該当する	☐項目の4項目が該当する	☐項目の5項目全てが該当する
【支援要素得点】	年　　　月 点／5点		年　　　月 点／5点	年　　　月 点／5点

【現場からの声】

開拓期～萌芽期：「主治医に『退院どう?』と言われると，『いやいや……』と言いながらもご本人は嬉しい!」

形成期～発展期：「入院者に動機付け面接技法などを活用したモチベーションアップの面接をおこなっています。」

C領域　関係づくりとケースマネジメント

　B領域までは協働支援チームの体制や病棟全体に向けたプログラムの広報等について項目を示してきました。C領域からは実際にプログラムが開始となり，プログラムの対象者にどのような体制で，どのような支援を提供できるのかを示していきます。退院支援が始まると利用者を中心にしてさまざまな機関や職種がその役割を果たします。病院と地域事業所が役割分担をし，チームとして取り組むことができる領域です。地域生活に向けた具体的な支援計画を検討する際にも活用することができます。

　プログラムを開始した利用者に対しては，利用開始時から利用者自身の強みを生かしたアセスメントをおこないます。地域生活を始めるために必要なことについて，つねに利用者の意向を尊重しながら必要な支援やプログラム，解決すべき課題について検討します。支援の経過のなかでは，徐々に具体的になる地域生活の開始に不安を感じる利用者も出てくるかもしれません。そのようなときに，利用者とのていねいなかかわりとプログラム導入について参考になるような内容になっています。

　なお，入院者に対して広くプログラムの周知を行う段階から，実際にプログラムを利用する段階に入ります。そのため，C-2以降はプログラム利用者として「利用者」と記載しています。

C領域【関係づくりとケースマネジメント】の構成項目

C-1　入院者との関係づくり
C-2　退院モチベーションの維持向上
C-3　支援開始時からのケースマネジメント
C-4　アセスメントと情報共有
C-5　利用者の意向を尊重した支援計画

C-1　入院者との関係づくり

　プログラムが開始に向け，協働支援チームがつくられます。そのために，病院のサポーター等に加えて地域のサポーター等も入院者と積極的に関係をつくるよう努めます。とくに，地域のサポーター等は頻繁に病棟へ訪問し，プログラム利用を開始する入院者と良好な関係を形成していきましょう。入院者全員がプログラムの利用者になり得ることは当然ですが，プログラムを開始する入院者について，働きかけをおこないます。

年／月			効果的支援要素
■	■	■	病院のサポーター等が病棟に出向き，関心を示す入院者と関係性を築く機会を持つ
■	■	■	地域のサポーター等が病棟に出向き，関心を示す入院者と関係性を築く機会を持つ
☐	☐	☐	サポーター等が病棟に訪問する日程が入院者に知らされている
☐	☐	☐	プログラムに関心があっても地域生活に不安を感じている入院者を積極的に把握し，相談を受けることになっている
☐	☐	☐	入院者に対して，病院のサポーター等が中心となって，主治医，病棟スタッフなどからプログラム参加の意思を個別に確認するように声かけしている

【アンカーポイント】

■　病院サポーター等	■地域サポーター等
1. 機会がない	1. 機会がない
2. 月に1回程度	2. 月に2回程度
3. 月に2〜4回程度	3. 月に3〜4回程度
4. 週に1回程度	4. 週に1回程度
5. 週に2回以上	5. 週に2回以上

1点	2点	3点	4点	5点
全体で該当する項目がない	■項目どちらかが2以上に該当し，☐項目の1項目が該当	■項目両方が2以上に該当し，☐項目の1項目が該当	■項目両方が3以上に該当し，☐項目の2項目が該当	■項目両方が4以上に該当し，☐項目の全てが該当
【支援要素得点】	年　　　月 　点／5点		年　　　月 　点／5点	年　　　月 　点／5点

【現場からの声】

全期：「本人が混乱しないようにチームで情報を共有し，安心できる関係性を築くよう配慮しています。」

開拓期：「病棟に毎日行って，顔と名前を覚えてもらうようにしています。」

萌芽期：「名札などを工夫して，地域事業所のサポーター等も病棟活動に参加していることがわかるようにしています。」

形成期：「地域事業所のサポーター等や，ピアサポーターが定期的に入院者と話ができる機会を設けています。」

C-2　退院モチベーションの維持向上

　プログラム開始時には地域生活への関心を示した利用者であったとしても，退院への準備を進めるなかで不安が大きくなることもあります。モチベーションサポートとして，ピアサポーターの体験や生活について話を聞く機会があったり，地域事業所のサポーター等が病棟に出向き，地域生活に対する不安を解消したり，そのための情報提供をおこないます。

年／月			効果的支援要素
／	／	／	
☐	☐	☐	地域で生活しているピアサポーターや入退院を経験した当事者（ピアサポーターとして活躍していない人も含む，以下当事者等）に体験談を聞く機会がある
☐	☐	☐	地域で生活している当事者等の生活場面を見る機会がある
☐	☐	☐	病院もしくは地域事業所のサポーター等が地域資源を説明し見学の機会を設ける
☐	☐	☐	地域生活を体験する外出の機会がある
☐	☐	☐	退院の不安を聞き，本人のペースに合わせて不安を解消する対応をしている
☐	☐	☐	利用者自身が退院に向かっているという実感や自信を得るために，退院までの課題をクリアしていくことが可視化できる利用者用のツール（セルフモニタリングシートなど）を活用する

【アンカーポイント】

1点	2点	3点	4点	5点
☐項目に該当するものがない	☐項目の 1 項目が該当する	☐項目の 2 〜 3 項目が該当する	☐項目の 4 〜 5 項目が該当する	☐項目の 6 項目全てが該当する
【支援要素得点】	年　　月 点／5点		年　　月 点／5点	年　　月 点／5点

【現場からの声】

開拓期：「退院に向けてどの段階にいるのか，やってきたことと今後の予定を明確に図や文章にしています。」

萌芽期：「退院したい入院者を同室にすることで，入院者同士の情報共有によるモチベーションの維持向上につながっています。」

形成期：「地域資源等を見学するツアーを定期的に実施し，医師や看護師の参加を働きかけています。」

発展期：「退院後の生活を想定し，生活スキルの再獲得だけでなく不安の解消や退院へのモチベーション向上を目的としたグループワークを地域事業所と病院が共同でおこなっています。」

C-3　支援開始時からのケースマネジメント

　退院支援開始時から退院後まで継続，一貫した支援をおこなうために，本人，家族と病棟サポーター，病院・地域事業所のサポーター等が参加するケア会議を開催したり，ケースマネジメントをチーム内で役割分担しながらおこないます。

年／月 ／　／　／	効果的支援要素
■　■　■	退院支援開始時から，退院後の地域生活まで，一貫して責任と役割を担うケースマネジャーが定められている
□　□　□	利用者のリカバリーやストレングスを念頭に置いた支援計画の作成や進め方をチームで協議する
□　□　□	地域生活を包括的に支援するケア会議を開催する
□　□　□	退院に向けたケア会議には地域生活支援を担当するサポーター等が参加する
□　□　□	退院に向けたケア会議には利用者が参加する
□　□　□	退院に向けたケア会議には家族が参加する

【アンカーポイント】

1点	2点	3点	4点	5点
ケースマネジャーがいない	■項目が該当する	■項目が該当し，□項目の1～2項目が該当する	■項目が該当し，□項目の3～4項目が該当する	■項目が該当し，□項目の5項目全てが該当する
【支援要素得点】	年　　　月　　点／5点		年　　　月　　点／5点	年　　　月　　点／5点

【現場からの声】

全期：「利用者にとって逃げ場となるような役割の人も必要になるので，チームのなかで役割分担をしています。」

開拓期：「なるべく入院者のストレングスを担当看護師と共有するようにしています。」

萌芽期：「地域機関の職員に何かのついででよいので，『退院後の生活』について病棟スタッフに話してもらっています。」

形成期：「たとえ実現しなくても，行政担当者に退院に向けてのカンファレンスに参加依頼をしています。」

発展期：「協議会や部会，支援者が集まる場等で，地域移行や地域定着の具体的なケースや地域で取り組まれている数値などを共有するようにしています。」

C-4　アセスメントと情報共有

　利用者のストレングスに着目し，アセスメントを多職種で共有することで，利用者の真のニーズを反映した支援計画を作成することが可能になります。チームが十分に利用者を理解することで，ストレングスを活用したうえで必要な医療や社会資源，生活能力（例えば家事やコミュニケーションなど）のアセスメント，地域生活を想定した課題が支援計画に反映されます。

	年／月		効果的支援要素
／	／	／	
☐	☐	☐	病院のサポーター等が本人のストレングスやリカバリー志向に基づくアセスメントをしている
☐	☐	☐	地域のサポーター等が本人のストレングスやリカバリー志向に基づくアセスメントをしている
☐	☐	☐	利用者の詳細な状況（現在の家族との関係や経済状況など）や情報（生活歴など）が利用者の了解を得てチームで共有されている
☐	☐	☐	利用者のアセスメントが多職種によりおこなわれチームで共有されている（精神保健福祉士・医師・看護師・作業療法士・公認心理師・その他）

【アンカーポイント】

1点	2点	3点	4点	5点
☐項目に該当するものがない	☐項目の1項目が該当する	☐項目の2項目が該当する	☐項目の3項目が該当する	☐項目の4項目全てが該当する
【支援要素得点】	年　　月　点／5点		年　　月　点／5点	年　　月　点／5点

【現場からの声】

全期：「病院の精神保健福祉士による家族背景，社会資源などの環境アセスメントの活用をおこなっています。」
開拓期：「精神保健福祉士がストレングス視点のアセスメントをおこない，病棟で共有する試みをしています。」
萌芽期：「看護師，作業療法士等における日常生活動作（ADL）等の評価の活用・共有をおこなっています。」
形成期：「病院が所有しているアパート等で宿泊体験をおこない，病院外での環境におけるアセスメントを実施しています。」
発展期：「病院独自のアセスメントシートをつくり，地域機関とも共有しています。」

C-5　利用者の意向を尊重した支援計画

　利用者に対して複数の社会資源から選択できることを説明したうえで，ともに支援計画を作成し，地域生活の送り方について利用者の希望や目標を明確に記載し，利用者が具体的にイメージできるようにします。また，緊急時の対応についても明記され，退院後も支援が継続されることを本人に伝えておきます。

年／月			効果的支援要素
／	／	／	
■	■	■	利用者が支援計画作成のプロセスに参加する
□	□	□	利用者のストレングスを尊重した支援計画を作成する
□	□	□	利用者が希望する，地域生活の送り方や目標が明確に記載される
□	□	□	利用者が希望する，地域生活の実現に向けた計画が実施できるように，複数の退院先や社会資源などが選択できる
□	□	□	利用者が希望する退院が実現するまでの目標期間が記載される
□	□	□	利用者が希望する資源がない場合，新たな社会資源の開拓や開発をおこなう
□	□	□	利用者の意向を踏まえた，緊急時のチーム対応が明らかにされている
□	□	□	ニーズがある限り退院後の支援を継続することが，本人と話し合われている

【アンカーポイント】

	1点	2点	3点	4点	5点
	利用者の参加がない	■項目が該当し，□項目の1～2項目が該当する	■項目が該当し，□項目の3～4項目が該当する	■項目が該当し，□項目の5～6項目が該当する	■項目が該当し，□項目の7項目全てが該当する
【支援要素得点】		年　　　月　　　点／5点		年　　　月　　　点／5点	年　　　月　　　点／5点

【現場からの声】

開拓期：「退院までの目標などを本人と共有できるよう，退院に向けたプログラムの進捗状況が確認できる行程表を作成しています。」

萌芽期～形成期：「本人や家族に対して，病名や治療などを含めて支援計画の内容を適宜伝え，了解を得ていきます。希望があれば，説明や計画の見直しを繰り返しおこなっています。」

発展期：「病院と地域事業所で共通したフォーマットで支援計画を作成しています。」

D領域　具体的な退院準備

　プログラムが開始されると，地域生活のための体験やリハビリテーションプログラムへの参加，住む場所の確保など多くの退院準備が必要となります。D領域では，地域の社会資源の見学や体験宿泊，あるいは院内でおこなうリハビリテーションプログラム，退院先の住居の確保など，入院中からおこなっておく具体的な退院準備についてまとめています。住居を確保しなければ地域生活を開始することはできません。しかし，住居の確保は簡単にはいかない場合も多くあります。利用者の望む環境や身体の状態に見合った利便性，近隣との人間関係を含め，より快適に暮らすための調整が行われる必要があります。これらの退院準備の進捗が協働支援チームで情報共有されるとよいでしょう。

　また，大切にしたいのは長らく本人を支えて生活してきた家族の思いです。家族とのかかわりはどこの現場でもおこなわれてきたことだと思います。これまでの体験から，必ずしも利用者の退院に前向きな家族ばかりではないかもしれません。それぞれに思いを抱える家族に対しては，チーム内で役割分担をし，本人と家族に対する支援がそれぞれ取り組まれることが望ましい場合があります。家族が相談したいときに誰に連絡をすればよいか明らかになっているとよいでしょう。退院準備が進むなかで，本人の行動や気持ちの変化によって，家族が少しずつ本人の退院や生き方を理解していく過程をまのあたりにしたスタッフもいるのではないでしょうか。退院後の家族への支援も含めて，家族も安心できる継続的な支援が必要となります。

D領域【具体的な退院準備】の構成項目

D-1　リハビリテーションプログラムの実施
D-2　地域サポート資源の体験利用
D-3　住居確保と調整
D-4　家族への支援

D-1　リハビリテーションプログラムの実施

　本人も関係者も利用者の地域生活をイメージできない場合が多くあります。入院中から地域生活を想定したリハビリテーションプログラムに参加することで，ストレングスを中心に，利用者の担当スタッフを含めたサポーター等が利用者に関する情報を共有し，参加の様子などについて本人とともに振り返りをすることも大切です。

年／月 /	/	/	効果的支援要素
☐	☐	☐	実施されるリハビリテーションプログラムがどのようなものかチーム内で共有されている
☐	☐	☐	支援計画の目標達成に向けた多職種のチームアプローチがなされている
☐	☐	☐	地域生活を想定した病院内でおこなわれるグループワーク等でアセスメントをおこない支援計画に反映させている
☐	☐	☐	支援計画の目標に沿ったリハビリテーションプログラムとして以下のものが用意されている （疾病管理とリカバリー（IMR），認知行動療法（CBT），社会生活技能訓練（SST），元気回復行動プラン（WRAP），心理教育，その他）
☐	☐	☐	地域生活を想定したプログラムへ利用者が参加または継続できるようにサポーター等が積極的に声掛けや面接をする

【アンカーポイント】

1点	2点	3点	4点	5点
☐項目に該当するものがない	☐項目の1〜2項目が該当する	☐項目の3項目が該当する	☐項目の4項目が該当する	☐項目の5項目全て該当する
【支援要素得点】	年　　　　月　　　点／5点		年　　　　月　　　点／5点	年　　　　月　　　点／5点

【現場からの声】

開拓期：「退院支援に関する研修等に参加しました。」

萌芽期：「退院が近い入院者でリハビリテーションプログラムを実施できるように別のグループをつくり，地域生活での具体的な対策（クライシスプラン等），WRAP などをとりいれ実施しました。」

形成期：「病院内で地域事業所が主体となったプログラムをおこなっています。」

D-2　地域サポート資源の体験利用

　利用者から希望があった段階で，できるだけ速やかに地域の社会資源の見学，体験通所，体験宿泊などの機会を提供します。一方で，まだ社会資源が十分にわからなかったり，不安に思っている利用者もいるでしょう。そのため，利用者から希望が出されていなくても社会資源の紹介や体験利用の促しをおこないます。

　利用者の希望に沿った地域生活が実現するために，社会資源の複数のメニューを自由に選択できるようにすることが必要です。

年／月			効果的支援要素
／	／	／	
☐	☐	☐	利用者の希望を聞き，速やかに地域資源の見学の調整をおこなう
☐	☐	☐	利用者の希望を聞き，速やかに地域資源の体験通所の調整をおこなう
☐	☐	☐	利用者の希望を聞き，速やかに体験宿泊（グループホームや借り上げているアパート，ウィークリーマンション，ビジネスホテルなど種類は問わない）のための調整をおこなう
☐	☐	☐	体験通所できる以下のような資源を確保している（デイケア，地域活動支援センター，障害福祉サービス事業所，障害者就業・生活支援センター，保健所デイケア，当事者グループ，その他）
☐	☐	☐	体験宿泊できる以下のような資源を確保している（グループホーム活用型ショートステイを含むグループホーム，ウィークリーマンションやアパートなどの賃貸住居，法人で独自に持っている体験宿泊施設など）
☐	☐	☐	体験通所・宿泊を利用した際の本人の様子がチームで共有されている

【アンカーポイント】

1点	2点	3点	4点	5点
☐項目で該当するものがない	☐項目の1項目が該当する	☐項目の2〜3項目が該当する	☐項目の4〜5項目が該当する	☐項目の6項目全てが該当する
【支援要素得点】	年　　　月　　　点／5点		年　　　月　　　点／5点	年　　　月　　　点／5点

【現場からの声】

開拓期：「地域の社会資源について説明をおこないました。」

萌芽期：「看護師も一緒に社会資源の見学をおこなうことで，病棟ケアの延長に地域生活があることを認識することができました。」

形成期：「退院支援のためのアパートなど体験外泊ができる場を病院や地域事業所で確保しているなど，宿泊体験が迅速に利用できるような体制があります。」

発展期：「所轄の市が，グループホームにおける体験宿泊事業を独自事業として設けて，グループホームの1室を借り上げているので，宿泊体験が可能です。」

D-3 住居確保と調整

退院後の住居の確保や維持は入院期間の長い利用者にとってはとくに困難なことです。住居支援で重要なことは，住居確保を困難にする諸々の条件への対応，居住環境の調整，日常生活の維持に必要な適度のサポートです。

年／月			効果的支援要素
／	／	／	
☐	☐	☐	自宅を含めた利用者の希望する住居確保の可能性が検討される
☐	☐	☐	住居確保のための行政等が提供している取り組み（居住入居等支援事業（居住サポート事業）など）も利用が可能である
☐	☐	☐	複数のグループホームやアパート等の賃貸住居が選択できる
☐	☐	☐	年齢や障害に応じた住居を確保するために高齢者や他の障害福祉サービスを提供している関係機関と連携している
☐	☐	☐	保証人として利用できる団体等（保証人協会など）を確保している
☐	☐	☐	必要に応じて入居条件について不動産業者や大家と交渉する
☐	☐	☐	空き物件などの情報が随時不動産業者から提供される関係が構築されている
☐	☐	☐	不動産業者，大家に対して病気や障害の理解を促す機会を設けている
☐	☐	☐	近隣や大家が相談をしたいときにいつでも相談できる窓口を用意している
☐	☐	☐	必要に応じて転居手続きや公共料金の支払い等のルールについて本人と確認している

【アンカーポイント】

1点	2点	3点	4点	5点
☐項目の1項目以下が該当する	☐項目の2〜3項目が該当する	☐項目の4〜6項目が該当する	☐項目の7〜8項目が該当する	☐項目の9〜10項目が該当する
【支援要素得点】	年　　　月 点／5点		年　　　月 点／5点	年　　　月 点／5点

【現場からの声】

開拓期：「退院したら一人暮らしをしたい入院者がいると不動産業者に話をしました。」

萌芽期：「長く病院と付き合いのある不動産業者や大家に協力を仰ぐこともできます。これまでにさまざまな退院者の生活状況などを知る機会があったため，過敏にならず，少々のことであれば柔軟に対応をしてもらっています。」

形成期〜発展期：「地域事業所がアパートを借りるときの橋渡しをしています。」

D-4 家族への支援

　利用者の退院は家族に負担を強いるものではないことや，家族の不安をサポーター等が継続的に受け止めることを繰り返していねいに説明し，理解を得ることで利用者，家族ともに安定した生活が可能になります。退院後も必要のある家族には支援を提供する体制が用意されます。

年／月			効果的支援要素
／	／	／	
☐	☐	☐	退院支援計画の作成や計画を進める方法について家族に説明している
☐	☐	☐	入院中から参加できる家族教室等のプログラムが用意されている
☐	☐	☐	定期的に家族のニーズを把握する機会が用意されている
☐	☐	☐	必要のある家族には，随時家族支援を提供する
☐	☐	☐	家族との調整役となる担当者が明らかにされている
☐	☐	☐	家族の不安を継続的に受け止め，家族支援を提供している

【アンカーポイント】

1点	2点	3点	4点	5点
☐項目で該当するものがない	☐項目の1～2項目が該当する	☐項目の3～4項目が該当する	☐項目の5項目が該当する	☐項目の6項目全てが該当する
【支援要素得点】	年　　　月 点／5点		年　　　月 点／5点	年　　　月 点／5点

【現場からの声】

開拓期：「病院から家族に連絡をとり，サポーター等が家族と顔を合わせる努力をしています。」

萌芽期：「疾患別家族教室や当事者の体験談を聞く機会，長期入院者の家族のグループ等，さまざまな形での家族教室や家族が参加できるイベント等を用意しています。」

形成期〜発展期：「利用者と担当を分けて家族の支援をすることで，家族に本人への支援とは切り離して家族への支援について考えてもらうことができました。」

E領域　退院後の継続的支援

　退院後，利用者が地域で落ち着いて生活をするためには，当初はさまざまな支援が必要となります。退院はゴールではなく，利用者の新しい生活のスタートです。安心して生活を送ることができるように継続的な支援を前提としています。

　E領域では，継続した支援の内容や利用者の不調時の対応についてまとめています。また，利用者が徐々に地域に慣れ，次の目標ができた際に支援を提供する新しいチームへの引き継ぎについても整理しています。医療機関は地域の社会資源のひとつとして，チーム内で連絡調整をしながら，利用者の不調時に対応します。ときには再入院が必要になることがあるかもしれませんが，長く地域で暮らせるように，上手に再入院を活用できればよいと考えます。ただし，早期に再び退院ができるように，協働支援チームで再入院中のかかわりを続けるのです。

　利用者に新しい目標ができたりすることで，それまでのチームがかかわる必要がなくなることもあるでしょう。新しい目標に向かうためにベストな人材や機関が新たなかかわりを始めることもありますし，ほとんど専門職がかかわる必要のない場合もあります。新しいチームへの引き継ぎは，可能な限り双方のチームの支援が重複する期間を設けててていねいにおこない，利用者から求められれば，あるいは，必要が生じたらいつでも再結成できるチームであればよいのです。

E領域【退院後の継続的支援】の構成項目

E-1　退院後の継続支援
E-2　包括的な生活支援
E-3　再入院時のフォローアップ
E-4　退院後の病院と地域の連携
E-5　地域資源としての医療サービス
E-6　多様な社会資源との連携
E-7　地域定着後のチーム編成

E-1　退院後の継続支援

　利用者の安定した地域生活をはかるために，支援の必要性がある限り継続的な支援を提供します。利用者の必要に応じて地域生活支援を提供することがチームや関係者間で確認されるようにします。

年／月			効果的支援要素
■	■	■	退院後も継続的な支援を提供している
□	□	□	定期的な訪問支援等を通じて生活状況を把握している
□	□	□	包括的な地域生活支援が，継続的に提供されることを本人が認識している
□	□	□	包括的な地域生活支援が，継続的に提供されることをチーム（関係者間）で共通認識している
□	□	□	包括的な地域生活支援が，継続的に必要な利用者すべてに提供されている
□	□	□	上記項目をすべて満たし，必要な利用者へ包括的な地域生活支援を１年以上提供している

【アンカーポイント】

1点	2点	3点	4点	5点
退院後の継続的な支援をおこなっていない	■項目が該当する	■項目が該当して，訪問支援等をおこない□項目の１つが該当する	■項目が該当して，訪問支援等をおこない□項目の２つ以上が該当する	■項目が該当して，□項目の５項目全てが該当する
【支援要素得点】	年　　　月 　点／５点		年　　　月 　点／５点	年　　　月 　点／５点

【現場からの声】

開拓期：「外来の通院日に合わせて，外来に患者さん同士が集うことのできるスペースを設けています。」
萌芽期：「退院後間もない時期は，デイケアや訪問看護も利用しています。」
萌芽期：「昼間は地域の事業所，夜はナイトケアを利用してもらい，単身生活を双方で支えています。」
形成期：「病棟を退院したOB・OGの集いを定期的に開催し，近況を確認しあっています。」
発展期：「患者さんをよく知っている定年退職した看護師に，非常勤の訪問看護スタッフとしてかかわってもらっています。」

E-2　包括的な生活支援

　地域生活を始めた利用者の移り変わるニーズを的確に把握し，退院後も利用者のニーズに合わせて，住居に関する環境調整や日中活動，病状に関する相談支援など包括的な地域生活支援サービスを提供します。

年／月			効果的支援要素
／	／	／	
■	■	■	退院後の継続支援においてケースマネジメントサービスが提供されている（退院後の支援について必要時に以下の項目を含むケースマネジメントがおこなわれている）
□	□	□	医療：通院支援，緊急時の救急受診対応，訪問看護など
□	□	□	住居：住居の契約更新，近隣，大家，不動産業者等の関係調整，転居の支援など
□	□	□	日中活動：日中活動の利用相談，提供，就労支援施設の利用など
□	□	□	経済：生活上における経済的な相談，障害年金等の受給や現況届の対応，生活保護に関する相談など
□	□	□	在宅生活：家事支援，社会生活に必要な手続き，ホームヘルプサービスの活用など
□	□	□	生活危機時の対応：緊急トラブルへの対応，不安や気持ちの揺れへの対応など
□	□	□	家族支援：家族の不安への対応，家族関係調整など
□	□	□	権利擁護：成年後見人制度の活用，ニーズ表明が困難である場合の代弁的役割など
□	□	□	職場環境の調整：職場への訪問，勤務状況の把握，人間関係など
□	□	□	ピアサポート：ピアサポーターによる相談や直接支援の提供など

【アンカーポイント】

1点	2点	3点	4点	5点
退院後の継続支援においてケースマネジメントサービスが提供されていない	■が該当し，□項目に該当する項目が5項目未満	■が該当し，□項目の5項目が該当する	■が該当し，□項目の6〜7項目が該当する	■が該当し，□項目の8〜10項目が該当する
【支援要素得点】	年　　　月　　点／5点		年　　　月　　点／5点	年　　　月　　点／5点

【現場からの声】

開拓期：「退院患者さんが作業療法の場で入院患者さんとおしゃべりできる場を設けています。」

萌芽期：「不動産業者・大家が抱いている病気や障害に対する不安を聞いています。」

形成期：「協議会の時，病院・地域の関係者で退院した人の近況を確認しあっています。」

発展期：「〈65歳の壁〉を乗り越えるために，早めの段階で障害の事業所と高齢の事業所がかかわりをつくるようにしています。」

発展期：「高齢者の介護にかかわるケアマネと，障害分野の事業所で，事例検討を中心とした勉強会を立ち上げました。」

E-3　再入院時のフォローアップ

　地域で安定した生活を送るためには，不調時（身体も含む）に速やかに対応できる体制が整えられていることが必要です。受診支援や再入院時も地域事業所がかかわり，退院に向けた継続的な支援をおこなうことが望まれます。あらかじめ緊急時の体制を利用者と確認しておくことで，不調時にも本人の希望を優先した支援提供ができるでしょう。

年／月			効果的支援要素
／	／	／	
☐	☐	☐	不調時の緊急受診や，再入院が必要な時などに同行支援をおこなう
☐	☐	☐	再入院となった利用者に定期的にかかわり，退院に向けて支援をおこなう
☐	☐	☐	再入院に至った理由について本人と振り返りをしている
☐	☐	☐	再入院を失敗体験ととらえないように，関係者，家族，本人へ働きかけをしている

【アンカーポイント】

1点	2点	3点	4点	5点
再入院を受け入れる用意がない	☐項目の1項目が該当する	☐項目の2項目が該当する	☐項目の3項目が該当する	☐項目の4項目全てが該当する
【支援要素得点】	年　　　月　　　点／5点		年　　　月　　　点／5点	年　　　月　　　点／5点

【現場からの声】

開拓期：「再入院しても地域事業所などとの関係を継続し，患者さんにとっても職員にとっても失敗体験とならないようにしています。」

萌芽期：「再入院時にかかわりが途切れないように，地域のスタッフにも会いにきてもらっています。」

形成期：「再入院したときも，早い段階で自宅への外出・外泊を組むようにしています。」

形成期：「『同じような状態になったときにどう対処，対応するのか』『今後にいかせることは何か』等，利用者と関係機関の認識を共有するようにしています。」

発展期：「（関係者や本人，家族に対し）入院しても短期で退院できることを知ってもらい，休息入院を活用しています。」

E-4　退院後の病院と地域の連携

　病院と地域事業所の連携が利用者の安心した生活につながります。利用者の了解を得たうえで，退院後にも定期的に病院と地域事業所が必要な会議を開催することや，利用者への治療方針・服薬内容について主治医から情報や助言を得るなどの情報共有の機会を設けること，必要に応じて訪問看護サービス等を利用できることなどがあります。緊急時の救急体制については，利用者と協働支援チームで事前に話し合っておくことが必要です。

年／月			効果的支援要素
／	／	／	
☐	☐	☐	不調時などを含む退院後に対応した内容をチームで共有している
☐	☐	☐	本人の了解を得て，退院後の地域生活について病院と地域事業所が定期的な連絡会議なども使いながら情報共有をはかっている
☐	☐	☐	本人の了解を得て，退院後に治療方針・服薬内容の情報を得たり支援方法の協議をしている
☐	☐	☐	再入院を必要とした場合，受け入れ可能となるよう病院内の調整を含め関係者へ働きかけている
☐	☐	☐	精神科救急体制の利用方法を本人，チーム及び関係者が十分に理解できるよう働きかけている。もしくは，精神科救急体制整備に協力している
☐	☐	☐	精神科以外の救急医療体制の利用方法を本人，チーム及び関係者が十分に理解できるよう働きかけている。もしくは，救急医療体制整備に協力している

【アンカーポイント】

1点	2点	3点	4点	5点
退院後，病院と地域事業所が連携していない	☐項目の1〜2項目が該当する	☐項目の3項目が該当する	☐項目の4〜5項目が該当する	☐項目の6項目全てが該当する
【支援要素得点】	年　　　　月 点／5点		年　　　　月 点／5点	年　　　　月 点／5点

【現場からの声】

開拓期：「外来の受診状況やデイケア，訪問看護の様子，地域活動支援センターの参加状況などを共有することで退院後も継続して連携しています。」

萌芽期：「別件で病院に行った折には，病棟のナースステーションにも顔を出して，おしゃべりしながら退院した人の近況をお伝えするようにしています。」

形成期：「退院支援委員会に地域援助事業者に参加してもらったときに，すでに退院した方についても近況をお聞きするようにしています。」

発展期：「地域包括支援センターや居宅介護支援事業所のケアマネと事例検討会を定期的におこなっています。」

E-5　地域資源としての医療サービス

　病院は地域生活を基盤とした医療，リハビリテーションプログラムを提供します。外来受診だけでなく，訪問看護やデイケア等の利用によっても生活の安定を支援します。

年／月			効果的支援要素
／	／	／	
☐	☐	☐	退院後も相談できる病院担当者及び窓口を明確化し対応している
☐	☐	☐	病名，服薬内容，リスクアセスメント情報などの医療情報が本人とチームに提供され，治療方針を本人と協議しながら診療している
☐	☐	☐	夜間，休日を問わず不調時の緊急受診や再入院の優先的受け入れの対応をしている
☐	☐	☐	一般診療科を含む救急対応時にチーム及び関係者の役割が明確化されていて，迅速な診療情報提供をおこなう
☐	☐	☐	訪問医療を提供している（往診，訪問診療，訪問看護等）
☐	☐	☐	地域に向けた疾病理解のための講演会，イベントなどを活用して啓発活動を実施している
☐	☐	☐	外来及びデイケア等で以下のサービスを提供することができる（リカバリー志向のプログラム（IMR，WRAP，CBT，SST など），IPS などの就労支援プログラム，疾病管理プログラム（心理教育，家族心理教育など），デイケアスタッフによる訪問，その他）

【アンカーポイント】

1点	2点	3点	4点	5点
☐項目で該当するものがない	☐項目の 1〜2 項目が該当する	☐項目の 3 項目が該当する	☐項目の 4〜5 項目が該当する	☐項目の 6 項目以上が該当する
【支援要素得点】	年　　月　　点／5点		年　　月　　点／5点	年　　月　　点／5点

【現場からの声】

開拓期：「退院後は退院時にかかわった PSW が個別に担当して，何かあった際の連絡窓口を明確にしています。」

萌芽期：「お祭りなどのイベントを病院で積極的に開催し，自治会や民生委員，ボランティアの方々にも協力をしてもらいながら，参加もしてもらえるようにしています。」

形成期：「病院見学会の開催，病院行事への参加呼びかけなど，地域に開かれた病院としての取り組みをおこなっています。」

形成期：「病院独自で 24 時間サポートをおこなっています。」

発展期：「病院の地域開放をめざして，院内の会議に地域住民の代表の方にも入ってもらっています。」
「民間病院同士の連絡会で，それぞれの病院機能について情報交換をしており，入院が必要な方の状態に応じた病院を紹介することができています。」

E-6　多様な社会資源との連携

　インフォーマルな資源を含めた地域の多様な社会資源を活用することで，利用者が地域生活にとけ込みやすくなります。当事者・当事者組織の協力を得たピアサポートやボランティア等を活用できるようにすることで，利用者や地域のネットワークづくりにも貢献することができます。さらに，利用者の了解を得て，近隣，大家，民生委員，雇用主などと随時連絡を取れる関係をつくることで，より迅速で細やかな対応が可能となるでしょう。

年／月			効果的支援要素
／	／	／	
☐	☐	☐	ピアサポートの提供を含めた，当事者組織の協力が得られる
☐	☐	☐	本人の了解を得て，友人や仲間（同じ通所先のメンバーなど）からの支え合いや存在の確認と連絡をとれる関係をつくる
☐	☐	☐	本人の了解を得て，近隣や大家，雇用主等と連絡ができる関係をつくる
☐	☐	☐	本人の了解を得て，自治会，民生委員などとかかわりや連絡できる関係をつくる
☐	☐	☐	精神保健ボランティアなどを含むボランティアが活用できる
☐	☐	☐	家族から必要な支援を得るために家族と連絡調整をはかる

【アンカーポイント】

1点	2点	3点	4点	5点
☐項目で該当するものがない	☐項目の1〜2項目が該当する	☐項目の3項目が該当する	☐項目の4〜5項目が該当する	☐項目の6項目全てが該当する
【支援要素得点】	年　　　月 点／5点		年　　　月 点／5点	年　　　月 点／5点

【現場からの声】

開拓期：「ご家族が抱えている不安を語っていただく場を設定しています。本人が少しずつ課題を解決していく姿を見て理解が深まったご家族もいました。」
　　　　「本人宅に訪問した折に，不動産屋さんに顔を出して近況の確認をしています。」
萌芽期：「廃校を借りて，精神保健福祉ボランティア中心のカフェを定期的に開催しています。」
　　　　「精神保健ボランティア講座で，退院して地域で暮らしている人に話をしてもらっています。」
形成期：「アパートの空き物件情報があれば，教えてくれるよう不動産屋に頼んでいます。」
　　　　「空室の多いマンスリーマンションを所有する家主・不動産屋に紹介しています。」
発展期：「家主の相続税対策のためにも，単身者用アパートの新築をお願いしています。」

E-7　地域定着後のチーム編成

　利用者が地域生活に慣れてきたら，支援の量を減らし，利用者自らの力で生活を形成していくことができるようにします。その後は支援チームのメンバーも変化しますが，必要が生じれば，いつでも連絡を取ることができる関係性を維持します。利用者や協働支援チームのメンバーが客観的な基準によって判断することによってチーム編成が変更されます。

年／月			効果的支援要素
／	／	／	
■	■	■	地域生活安定後に，利用者の状態や希望に応じて適切にチームメンバーを変更する時にチームとして責任をもって次の支援者へ引き継いでいる（次の支援者が明らかにされているか，事業が変わっても同じ支援者が継続する場合は読み替える）
☐	☐	☐	利用者の状態や希望に応じて適切にチームメンバーを変更するときは，以下の客観的な基準が 3 項目以上明確に示されている（下記以外にある場合はその他として一つ 1 項目としてカウント） ▲明確な地域生活継続期間　▲緊急受診がないこと　▲SOS サインが出せる　▲次担当の相談支援専門員などがいる　▲その他（　　　　　　　　　）
☐	☐	☐	利用者の状態や希望に応じて適切にチームメンバーを変更することの基準が関係者間で共有されている
☐	☐	☐	利用者の状態や希望に応じて適切にチームメンバーを変更することの基準が文章（支援計画等）で明確にされている
☐	☐	☐	利用者の状態や希望に応じて適切にチームメンバーを変更することは利用者の了解を得ておこなわれる
☐	☐	☐	利用者の状態や希望に応じて適切にチームメンバーを変更することが支援計画に盛り込まれている
☐	☐	☐	利用者の状態や希望に応じて適切にチームメンバーを変更することで主担当者を変更する際は，次の支援者（例えば相談支援専門員等）と協働でおおむね 3 か月程度継続して支援をおこなう

【アンカーポイント】

	1 点	2 点	3 点	4 点	5 点
	チームとして責任をもって次の支援者へ引き継いでいない	■項目が該当し，☐項目に該当するものがない	■項目が該当し，☐項目の 1 ～ 3 項目が該当する	■項目が該当し，☐項目の 4 ～ 5 項目が該当する	■項目が該当し，☐項目の 6 項目全て該当する
【支援要素得点】		年　　　月 点／5 点		年　　　月 点／5 点	年　　　月 点／5 点

【現場からの声】

開拓期：「『困ったことを伝えられる』ことが，支援を切り替える基準になっています。」
萌芽期：「クライシスプランとともに，前任者から簡単なサマリーを申し送るようにしています。」
形成期：「クライシスプランを見直し，本人から SOS を出す相手の優先順位を改めて一緒に決めます。」
発展期：「サービス等利用計画書作成段階で，支援者間で申し合わせをおこなっています。」

F領域　退院促進の目標設定

　自分たちの地域で退院促進の理念やめざすべき目的を共有できるとよいでしょう。F領域はプログラムの目的である利用者の「質の高い自立（自律）的な地域生活の実現，生活満足度の向上」を実現するための目標に関する項目を，その方法等も含めて整理しています。

　協働支援チームで取り組む地域にどのくらいの長期入院者がいるのか，長期入院者の状況を正確に把握することで退院支援の対象者や開始時期について検討が始まります。

　新たに利用者となった入院者や新しく入った職員にも理念やゴールが理解され，引き継がれていくことが大切です。そのためには，長期入院者の状況や支援を継続している人の確認，理念やゴールは可視化されるとよいでしょう。管理者が退職する，担当者が異動するなどの変化が協働支援チームに影響を及ぼすことは少なくありません。あるいはコーディネーターやサポーターにとっては当然のことであっても，利用者にはその目的が伝わっていないこともあります。理念やゴールを可視化し，それらを地域全体で共通のものにすることは，利用者の理解を得ながらプログラムの質を保ち，次の協働支援チームづくりに継承されることにもなるのです。

F領域【退院促進の目標設定】の構成項目

F-1　地域全体の退院支援の取り組み F-2　地域全体で取り組む目標設定

F-1　地域全体の退院支援の取り組み

　地域全体での具体的な数値（長期入院者数，退院可能な入院者数，その割合）などを確認・把握することが重要です。また，プログラムの対象となり得る方々に対してできるだけ早く支援が検討，開始されるよう各機関での情報共有を行う必要があります。

年／月 ／　／　／	効果的支援要素
■　■　■	早期に長期入院者の退院・地域生活の実現をするために地域全体で取り組まれている
□　□　□	地域全体で長期入院者の早期退院と，質の高い地域生活を目指す理念が共有されている
□　□　□	地域全体でプログラム対象となる長期入院者数が把握されている
□　□　□	地域全体でプログラム対象となる利用者数が把握されている
□　□　□	地域全体でプログラム対象となる利用者へすぐに（以下のような）アプローチすることが合意されている ▲退院への声かけ（B領域），▲積極的な関係づくり（C領域），▲社会資源等の宿泊体験等の体験利用等（D領域），▲家族支援（D領域）など

【アンカーポイント】

1点	2点	3点	4点	5点
地域全体の取り組みはない	■項目が該当し，□項目の1項目が該当する	■項目が該当し，□項目の2項目が該当する	■項目が該当し，□項目の3項目が該当する	■項目が該当し，□項目の4項目全てが該当する
【支援要素得点】	年　　　月 点／5点		年　　　月 点／5点	年　　　月 点／5点

【現場からの声】

開拓期：「病院，地域事業所のスタッフがお互いの職場訪問などで役割を知る機会をつくったり，情報提供や相談を密にするようにして，連携を心掛けています。」

萌芽期：「市の事業担当者だった人に勉強会の講師を依頼したり，認定看護師などによる研修会，当事者やピアスタッフの講演会など，病院，地域事業所スタッフが全体状況と課題を共有するために工夫をしてさまざまな研修会をしました。」

形成期：「協議会の精神障害者部会を立ち上げ，地域の長期入院者の課題を検討して障害者計画に対して提言をする機会を作りました。」

発展期：「県の主催で，地域移行に向けたさまざまな職域職種が参加する会議を年1回開催しています。」

F-2　地域全体で取り組む目標設定

　地域内で目標や支援結果が共有され，退院率向上，質の高い地域生活の継続のために各関係機関の役割と使命が文書化されることが望ましいでしょう。また，新たに加わるサポーターにも，プログラムの理念と達成されるべきゴールが明確に浸透することで，同じ方針のもとで支援を続けることができます。

年／月 ／ ／ ／	効果的支援要素
■　■　■	退院促進・地域定着を推進するために具体的な目標がある

〈プログラムゴール〉

□	□	□	退院率向上，質の高い地域生活の継続をめざすプログラムゴールについて，地域内で合意形成されている
□	□	□	プログラムの対象となる利用者に対して，プログラムのゴールを説明して理解を得ている
□	□	□	新たに加わるサポーターに対して，プログラムの目指すゴールを説明して共通理解を得ている
□	□	□	退院率向上，質の高い地域生活の継続をめざすプログラムのゴールについて標語等の文書で共有されている

〈目標値〉

□	□	□	プログラムを導入する利用者数について，年間目標数が設定されている
□	□	□	プログラムで退院する利用者数について，年間目標数が設定されている

〈退院後支援〉

□	□	□	地域全体で退院後も継続支援をすることが共通理解されている
□	□	□	再入院をできるだけ防ぐための取り組み方針が支援計画など文書で共有されている

【アンカーポイント】

1点	2点	3点	4点	5点
退院促進・地域定着を推進するための具体的目標がない	■項目が該当する	■項目が該当し，〈プログラムゴール〉の2項目が該当する	■項目が該当し，〈プログラムゴール〉の3項目以上が該当する，もしくは〈目標値，退院後支援〉のそれぞれ1項目以上が該当する	■項目を満たし，□項目全てを満たす
【支援要素得点】	年　　月 点／5点		年　　月 点／5点	年　　月 点／5点

【現場からの声】

開拓期：「病院内の多職種が集まる会議を活用して，地域事業所は退院を手伝ってくれる存在であるということを何度も伝えました。」

萌芽期：「協議会に患者さんが入って意見交換をおこなったり，病院職員に患者さんの退院後の生活状況を知ってもらう機会を設定したりして，退院後の地域での暮らしに理解を深めてもらいました。」

形成期：「自立支援協議会の精神障害者部会には全病院，全地域事業所が参加して，長期入院者の地域移行に向けた課題や目標値などが話し合われています。」

発展期：「長期入院者に関する全体像を把握するために，定期的に行われるさまざまな会議（協議会など）を行政がマネジメントしています。」

コラム9

病院と地域機関が一体化して退院支援をしていくために

高野悠太

鶴が丘ガーデンホスピタル　精神保健福祉士

　現行の精神保健福祉の諸制度は，地方自治体や市区町村単位で施行され，退院促進においても地域のニーズに合わせたシステムや機能が整備されています。しかし，システムや機能がどんなに優れ充実していても，従事者の質の担保と支援者間の連携（顔や腹の見える関係）がなければ効果はみられないことが重要であり課題です。そのためには，科学的根拠に基づいた本書の活用とともに支援者同士が知り合いケースを通して学び合い，よりよい支援体制を構築していく継続したモチベーションづくりが大切です。

　当院は都県境に位置し，さまざまな自治体住所地の方が利用されています。つまり特定の事業所との連携のみならず，ケースにより単発的な事業所との連携も求められます。しかしそれはけっして特別なことではなく，純粋にニーズがあれば医療機関が地域の事業所へ勇気をもって電話をかける（開拓≒点と点のつながり）ことを日々行っています。その蓄積とともにケースを通して形成された関係性（連携≒線と線のつながり）が生まれます。そして，相互の強みを理解し合い構造化されたネットワーク（共有≒面と面のつながり）が誕生すると，効率的かつ効果的な支援が継続されていくと感じています。

　ある年，私たちの街は「地域別に3障害の支援センターを配置する」施策が行われました。突然の出来事に支援者間では驚愕さえ感じたものです。地域ごとに配置されることは，生活圏内に機関があり基幹体制が確立されるので画期的であるものの，民間委託であるがゆえに専門性の未到達がありました。当初は「地域移行支援はセンターではやっていません」という地域も存在したのです。

　システムの課題はもとより私たちは，目の前にニーズがあることを念頭に，精神科病院とセンターが出会う機会を構築することにしました。まず都道府県の地域体制整備担当者へ相談し，市内5センターの連絡会へ精神科病院の相談員が参加させていただくことになりました。そこで，同様な悩みをもつ機関が多数あるという事実確認ができました。意見交換を重ねるうちに「支援者同士がお互いを知るきっかけ」の不足という課題が明確になりました。その根拠の発見から半年たち，ようやく全市内のセンターと精神科病院との顔が見える交流会を先日，初めて実現したところです。

　ようやく地域移行支援に向けた地域体制がスタートラインに立ったところですが，前進に向けた取組みについてはこれから困難が生じると感じています。しかし，ニーズに応えることなくして私たちの業務は存在しませんし，退院促進は今後も続いていきます。

　この街に生まれた幸せを感じ，この支援者に出会えた幸せが得られるよう，この国の歴史的な精神障害者入院施策の反省を胸に，これからも精神科病院の一従事者として，微力ながら地域体制整備に携わらせていただく所存です。

行政・地域・病院がチームとなっておこなう退院支援

鈴木由美子

宮城県立精神医療センター　社会生活支援部副部長兼リハビリテーション科長

　当院は 2014 年から「タイソク・プロジェクト」の研究に協力させていただきました。当院の退院支援は，大分前から働きかけをおこなっていました。1995 年グループホーム開設，その後の組織改編など，支援の焦点は院内から地域へ移っていきました。故・野中猛先生をお招きし，数年間ケアマネジメントを学んだこともありました。2007 年スーパー救急病棟 1 病棟稼働，2014 年スーパー救急病棟 2 病棟体制での運用などを経て，バックベッド確保が必要になり退院支援はさらに加速していきました。そのようななか，この研究に微力ながらかかわれたことは，私たちに病院支援者と行政や地域支援者にとって，改めて連携のあり方について考える機会となりました。

　研究に協力するために事例をあげ，行政と相談支援事業所と病院の職員が話し合える場をつくりました。そして，チーム外モニタリングとして，事例を通して支援のあり方や退院のためのプログラム，地域定着のために必要なことは何かを考えました。そのなかで気づいたことを以下にまとめてみました。

病院運営における退院支援・地域定着

　「退院させたら患者がいなくなるのでは」。そのような不安がある病院もあるでしょう。当院の場合はスーパー救急 2 病棟運営のため，期間内に退院できない方々を他の病棟に移さなければならない状況でした。そうなると長期在院者がバックベッドを占める状況では対応できず，行政や地域の協力なしではいられない状況でした。病院外の方たちと連携した支援は，入院中の支援にも大きく影響し，長期入院中の患者に対し「あきらめずに支援する」「地域と協力する」という姿勢がさらに根づいたと思われます。

地域が抱える不調時の対応，病院との連携の重要性

　退院した患者が不調になったとき，地域の支援者は大変な思いをして支援をしています。日中はなんとかなるかもしれませんが，病状悪化は昼夜を問わずやってきます。連携することで，地域支援者に安心が生まれます。ちょっとチャレンジした働きかけもできるようになります。不調を早く察知して病院と連携することで，患者は最悪の病状に至ることなく，病院も早めの入院でベッドを回転させることができます。

『見える化』により把握しやすい退院支援

　支援要素チェックシートを個別でチェックし，過去と現在を比較することができます。個別にチェックしてみると，不足な支援が見えてきます。以前はできていた地域支援者を交えたケア会

議も入院が長くなるとおこなわれなくなります。レーダーチャートを作成するとより見やすくなります。チェックシートを市町村別にチェックしてみると，地域格差が見えてきます。チェックした人の感覚にもよるので判断は若干難しいのですが，チェックすることで気づくことがいくつかあります。

　退院支援は地域格差があることや，慢性重症の方たちの退院を考えるとまだまだ課題はあります。しかし，地域との連携で先が開けてくることを感じています。

第Ⅲ部

戦略ガイドライン

第6章

地域の実情に応じた取り組み

1　開拓期（0期）　個別支援から「支援の核」形成をめざす————

開拓期の特徴

　残念ながら，いまだに多くの地域や精神科病院がこの開拓期にあると考えられます。開拓期に「支援の核」を形成していくためには，何をどうすればよいのかを考えてみましょう。

　例えば，目の前にいる長期入院者から「退院したい」と言われたとき，私たちはどう返事をするでしょう。「一緒にがんばりましょう」と返事をしたときに，協力を得ることのできる地域事業所の支援者の顔が頭に浮かぶでしょうか。それとも，「退院するためには主治医の意見を聞きましょう」と返事をしながら，主治医の渋い顔を頭に浮かべるでしょうか。また，自治体や病院の職員から「長期入院者を地域で受けてもらえるか？」と連絡を受けたとき，その職員の顔が浮かぶでしょうか。長期入院者の退院支援を始めるとき，「ノウハウがない」「負担が大きい」「時間がない」などのネガティブな考えが浮かぶかも知れません。具体的に何をすればよいか，これから示していきます。

チームのつくり方

　開拓期では，入院者が「退院したい」という意欲を持てるようにすることから支援が始まります。地域と病院のそれぞれ一人以上のスタッフが協働してサポートできる体制をつくり，一人からでも支援が実施できるようにすることを目指します。そのために，病院スタッフと地域事業所スタッフが協働できるようなきっかけつくりをする必要があります。そして，病院スタッフに退院促進の意義を伝えていきましょう。同時に，入院者が退院後の生活に希望や，安心感が得られるようなモチベーションサポートを継続していくことも大切です。

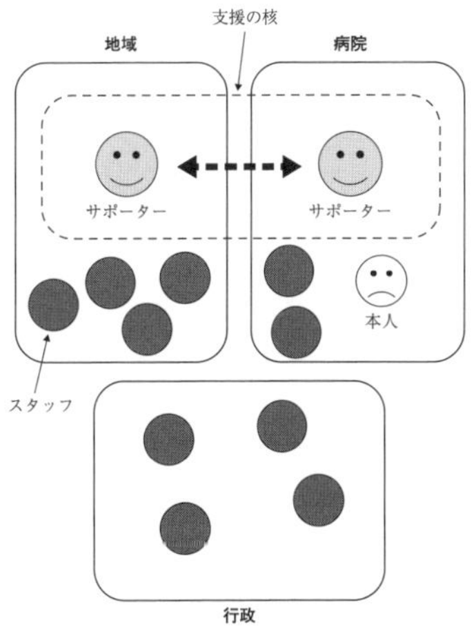

　開拓期のスタッフは，自然発生的もしくは意図的な働きかけによって「支援の核」（中越 2016）になっていき

図 6-1　開拓期

ます。「支援の核」が形成されて支援を開始しても，それぞれの組織内においては一人のサポーターとしての活動をしている時期です。「支援の核」として求められる役割は，一人の入院者への支援から始めて，やがてチームをつくる働きかけをおこなうことです。所属している組織内のスタッフ（サポーターになる以前のすべての支援者）に，退院促進への積極的な意識を持ってもらうようにします。

　「支援の核」として活動を始めても，自身が所属している組織内に意識が向くことが多いと思われます。しかし，退院促進の活動を展開していくことで，所属している組織の外に協力者がいることがわかります。こうした組織外の協力者とチームづくりをすることを意識しながらケア会議を実施していくとよいでしょう。

❶　入院者の状況を院内全体と個別のケースで把握

【病院】積極的に退院促進をおこなっているとは言えない病院でも，「入院者すべてが退院支援の対象」と考えて入院者の状況を把握していきましょう。入院者の状況を把握し，退院が難しくなっている要因や退院支援を進めるポイントなどを分析することが，退院促進のきっかけになります。

❷　院内同職種・多職種と退院促進の検討

【病院】退院促進を進めるためには，院内での多職種協働の基盤をつくることが重要です。退院促進の視点を持つスタッフを探すために，❶の取り組みで把握したような院内状況をもとに，多職種から計画の提案ができるとよいでしょう。

❸　地域事業所スタッフと病院スタッフが協働するきっかけづくり

　「支援の核」形成に向けて，病院のスタッフは院内多職種協働の基盤づくりとともに，地域のスタッフと協働することも重要です。しかし，地域のスタッフが入ることに消極的な病院もありますので，病院内で地域事業所の役割について理解を得るための取り組みが必要です。退院促進に関連する人たちが集まる交流会など（仕事以外でもよい）を企画するのもよいでしょう。

【病院】病院のPSWであれば，地域のスタッフと顔を合わせる機会に，個別ケースにかかわってもらうことができるかどうかを確認することや，医療保護入院者に義務づけられた「医療保護入院者退院支援委員会」を開催し，そこへの参加を依頼することなどが考えられます。

【地域】地域事業所のPSWは，病院から退院支援の相談の有無にかかわらず，地域で「今できていること」「取り組んでいること」を発信していきましょう。

❹　入院者が退院後の生活に希望を持てるようなアプローチを継続

　「支援の核」が形成されたとしても，中心である入院者が退院後の生活に希

望を持てなければ，支援を開始することは困難です。退院意欲がないように感じられる場合であっても，地域での生活に興味を持つことのできるようなアプローチをする必要があります。

【病院】スタッフが地域生活について具体的な情報提供をすることや，入院者が外来・デイケア利用者などと日頃からかかわりを持つことで，退院後の生活をイメージできるきっかけをつくるとよいでしょう。日々の生活場面においては，本人の思いやストレングスを中心に積極的にコミュニケーションをとります。例えば，趣味や好きなことについて話してもらってもよいでしょう。また，作業療法活動に病棟スタッフが一緒に参加すると，病棟では見られない，入院者の違った一面に出会うこともできます。

❺　定期的な打ち合わせ

【病院・地域】萌芽期に向けて，一人だけの支援で終わらせないように，病院と地域の中心になる人たち（サポーター）による定期的な打ち合わせができるとよいでしょう。個別の支援を通して，定期的に顔を合わせた支援の検討や継続したモニタリングの実施等が考えられます。

❻　病棟のスタッフを含めた院内での意見交換の機会

【病院】日々の申し送りとは別に，病棟スタッフとPSW・作業療法士が個々の入院者について率直に意見を交換できる機会を定期的に設定しましょう。

　退院支援目標・計画について，評価を月に１回おこなうことで，入院者とかかわりを持ちます。入院者の意識や行動に変化があったときは，カンファレンスで情報を共有して思いを支えるとともに，計画を追加修正します。入院者のこころの変化に沿ったサポートをしていきます。

❼　勉強会の開催

【病院】入院者を理解し，知識を習得するため勉強会を開催します。取り掛かりやすいテーマから始めるとよいでしょう。例えば，それぞれの専門性に応じた退院支援の講義や，国の施策および精神保健医療の変遷についての研修を（多職種で開催）します。あるいは，地域事業所のサポーター講師を依頼して地域支援サービスについて学んだり，心理教育の勉強会を多職種で開催することも考えられます。各セクションの役職者や経営陣の参加も期待できると，チームづくりもスムーズです。

❽　病棟スタッフへのアプローチ

【病院】積極的な退院支援を志すスタッフが病棟で中心的な役割を担い，これまで述べた「チームのつくり方」について，自分の職場に合った方法で実践します。一人でも多くの入院者が本人の望む生活に向かってリカバリーできるよう，とくに退院支援に対して積極的ではないスタッフに対しては，退院支援の

意義を理解してもらうためのアプローチが大切です。

　入院者の思いや潜在能力に気づくことで視点が変わってくるものです。たとえすべてができなくても，個々に応じた地域生活は可能であることをスタッフ間で共有します。地域で暮らしている方の生活を直接目にするだけでも，スタッフの意識は大きく変わります。また，入院者の望む自分らしい生活について傾聴し，その思いをどうしたら実現できるのかをともに考えることも大切です。本人の思いとサポーターの思いのすり合わせをしながら，院内多職種も率直に語り合い，医療と福祉の総合的な視点から退院支援を考えていきます。

❾　行政への働きかけ

　開拓期から行政機関への働きかけは意識的におこないます。そのためには，まずは行政機関の担当者と顔見知りになることから始め，必要に応じて協力を求めましょう。

本書の共有・発展

　開拓期では，勉強会や「支援の核」のサポーターを中心に，本書をチームで共有します。

❶　ワークショップ（勉強会等）の活用

　退院促進が進んでいない地域のスタッフを対象に「支援の核」が中心になり，病棟で勉強会や意見交換等（インフォーマルな場でもよい）を開催します。

　この段階では，「支援の核」をどのようにつくるかを中心に話を進めます。例えば，退院して地域で暮らすことの意義について共有を図ります。本書の支援要素を確認することで，退院支援に必要なことは何かというイメージを持ってもらうことが可能になるでしょう。また，支援要素を一緒にチェックすることで，現在の地域の状況を確認することから始めることも可能です。

　実際に退院をした方や，他の地域の事例を聞くなどし，「退院できる！」という認識を持ってもらうことは有意義です。そのうえで，地域事業所・病院・行政の協働が有効であることを知ってもらうとよいでしょう。

　「支援の核」は，退院促進の理念やその必要性・重要性を地域事業所や病院のスタッフ（PSW，看護師など）に説明をします。長期入院を経験して退院した方からの体験談なども活用し，長期入院者が退院することはけっして不可能ではないことを理解してもらいます。そのうえで，参加者の地域の現状や退院に至っていない要因・課題についてお互いに話し合い，共有します。また，先駆的に実施されている地域の紹介などもおこないます。

❷　モニタリングの実施体制

　地域事業所・病院内の「支援の核」のサポーターが現状を共有し，できてい

ること・これからできそうなことなどを本書の支援要素にそってモニタリングします。モニタリングでは，「支援要素を達成するための実践事例」を参考にふり返りをおこないましょう。また，それぞれの地域の強みや弱いところには違いがありますので，それらも本書に書き出してみましょう。できていないことより，まずどこから始めるのかに視点を置いて，自分の地域のストレングスなどを病院・地域事業所が共有します。

病棟における入院者の退院支援の準備

❶　「支援の核」のサポーターが病棟スタッフに働きかける

退院支援に向けて「支援の核」となるサポーターが病棟スタッフの意識の変化を促します。

❷　退院支援対象者のリストを作成する

本書では，すべての入院者を退院支援対象者と位置づけているため，すべての入院者をリストにしていきましょう。そうすることで支援の「対象者」であるということを意識できるでしょう。

❸　入院者に退院に向けたモチベーションサポートをおこなう

入院中の方すべてを対象として，個別・グループの両方で退院に向けたモチベーションサポートをおこないます。入院者が地域生活をイメージできるように，退院者とのかかわりを持つとよいでしょう。入院者の興味・関心は地域生活に目を向けるきっかけになります。

2　萌芽期（1期）　「支援の核」の実践が組織内に波及することをめざす

萌芽期の特徴

萌芽期では，病院，地域事業所の「支援の核」がどのように周りを巻き込んでいくかが重要な点です。ここでは「支援の核」が，所属する組織において実践の認知と，活動の承認を得ることにより，組織を超えたチーム形成へと発展させる方法を考えていきます。

退院促進を実施しようと決意したら，周りに仲間がいないと諦めず，周りの意識を少しずつでも変えていきましょう。例えば，退院促進の取り組みを発信することで，長期入院者の退院促進に興味関心のあるスタッフを集めることや，長期入院者の退院が所属機関に与えるメリットを示す，病院スタッフのグループワークに地域事業所のサポーターも参加してもらうなど，新しい外の風を入れて病棟の空気（意識）を換気（喚起）します。

　また，長期入院者の退院促進や地域生活の支援について，病院，地域事業所，行政機関などの機関ごとに認識が異なっているかもしれません。せっかく思いがあっても，認識のすれ違いばかりではお互いに前向きな気持ちにはなれません。まずは互いの意識を知るために，勉強会や意見交換の場をつくってみましょう。そんな新たな展開を積極的にもち，互いの認識を共有するために本書をぜひ活用してください。

チームのつくり方

　萌芽期は，「支援の核」が最低でも一人の支援を始めていることになります。そして，「支援の核」のメンバーはその活動をそれぞれが所属する組織から承認されることを目指します。また，他のスタッフについても，スムーズに退院促進のためのチームを形成できる体制づくりが期待されます。また，形成期に向けて行政機関の関与も念頭に置く必要があるでしょう。

　そのためには，院内の他のスタッフから理解を得ることや，「支援の核」以外の地域事業所やピアサポーター（まだ，正式にピアサポーターとして活動していない退院者も含む）が病院に入り，退院促進にかかわる仕組みをつくること，地域移行支援等の障害者総合支援法のサービスも利用することで，行政機関が関与できるようにするとよいでしょう。

　萌芽期では，「支援の核」であるサポーターが，内外の連携を意識して活動を始めます。まずは，スタッフが退院促進を意識した機関内連携を開始することで，個々がサポーターとしての活動を始めます。また，それまでサポーターとして活動してきた「支援の核」のメンバーがケースマネジャーとしてチームのサポーターをまとめる役割を担います。ケースマネジャーとして活動を始めることで，医療機関と地域事業所だけではなく，協議会への参加や行政機関に対して積極的な働きかけをおこなうことになります。萌芽期では，スタッフの役割が明確になること，所属組織から活動の承認を得るための時期であることを意識し，活動を展開します。また，積極的に組織外の社会資源に意識を向け始めることも必要です。それにより，チーム内のサポーターは組織外のチームと連携をし始

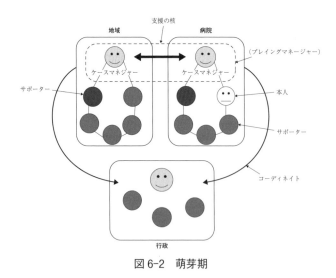

図6-2　萌芽期

めることができるでしょう。連携のためにもケア会議やチーム会議を積極的に活用しましょう。

❶　退院者の生活ぶりを病院スタッフが知る機会をつくる

【病院】PSW はまずは雑談でも構わないので，退院した人の生活ぶりを病棟スタッフへ伝えましょう。病棟カンファレンス等，複数のスタッフが参加するオフィシャルな場でも紹介しましょう。また，退院者の病棟訪問，入院者との面会などは積極的に受け入れましょう（場合によってはお願いする）。

【地域】病棟訪問や面会の際に，「支援の核」の地域のサポーターが同行できれば，他の入院者も地域スタッフと自然に面識ができるでしょう。また，退院者も同行することで，退院者が地域で暮らす様子を病棟スタッフが知ることもでき，病棟スタッフにも地域生活が見えやすくなります。

❷　「支援の核」が活動を積み重ね，病棟スタッフの認識を変える

【病院・地域】❶で挙げたことは地道な活動ですが，病棟スタッフが退院者と会う経験は，病棟スタッフの認識を「長期入院者」から「地域での生活者」へ変化させます。「支援の核」は継続して退院支援に取り組み実践を積み重ねていきましょう。実践を積み重ねる目的は，当該病棟のみならず，病院全体に退院支援の活動を広げていくことです。そのためには，病院・地域それぞれの組織から，「支援の核」の活動が承認されることが必要です。

【病院】「支援の核」の病院サポーターが他の病棟に対しても活動をアピールすることによって院内におけるチームの知名度を向上させることも一つの方法です。その際，院内にケースマネジャーの役割を担うことのできるスタッフがいれば，連携をとって活動していくこともできます。「支援の核」は積極的に多職種によるカンファレンスやケース検討会を開催しましょう。

❸　地域事業所を含めた支援機関との協力関係を形成する

【病院・地域】萌芽期では，「支援の核」である地域事業所のサポーターだけではなく，地域事業所のスタッフが誰でも病院に入り込める体制をつくっていきます。地域事業所に対して積極的に「医療保護入院者退院支援委員会」への参加を依頼することは，制度的にも病院と地域事業所の協力体制を形成するきっかけとなるでしょう。また，退院者がピアサポーターとして来院し活躍できる場づくりにも取り組むことができます。また，障害者総合支援法に定められた地域移行支援を利用するなどして，行政との連携も図っていきましょう。

❹　行政機関への働きかけ

【病院・地域】障害者総合支援法の利用等でかかわりを持った行政機関には，個々のケースにさらに積極的に関与してもらえるように促していきましょう。「支援の核」による退院支援の検討開始時から行政機関に協力を要請すること

により，その病院にはどのような長期入院者がいるのかといった全体像と，個別に入院者の顔を知ってもらうきっかけになるでしょう。行政の担当者と病院や地域事業所のサポーターが協力できる関係性を築いておきましょう。

　保健所や障害福祉に関する窓口だけでなく，入院者が生活保護受給者であれば，保護担当の窓口との連携はしていきたいところです。「生活保護精神障害者退院促進事業」に基づく退院促進事業のケースワーカーが活躍する自治体もあり，行政機関が深く関与する場合もあるでしょう。また，個別支援に消極的な自治体であっても，障害福祉サービスの利用や生活保護受給等があれば，行政のかかわりが始まることになります。そして，利用者の退院後のモニタリング等にも行政担当者が参加してもらえるよう，利用者へのかかわりを促し続けることも必要になります。

❺　本人が退院後の生活に希望を持てるようなアプローチを継続

【病院】萌芽期においては，病院のスタッフ単独ではなく「支援の核」が中心となった支援をおこなうことが期待されます。地域資源の情報提供，見学同行，体験利用，宿泊など具体的な支援を進め，その振り返りを通して成果と課題を共有しましょう。

【地域】地域の支援者は地域資源の情報提供，見学，体験利用，宿泊等を受け入れるだけではなく，新しい社会資源の開発も検討します。

❻　グループ活動により，チームでアプローチする機会をつくる

【病院・地域】「支援の核」が一緒に退院促進に関与できるように，病院内での心理教育プログラム等のグループ活動に，地域事業所のサポーターが参加することも一つの方法です。

【病院】病棟活動として実施できる地域の施設見学会や，退院・地域生活にかかわる社会資源情報を，作業療法プログラム等のなかで扱ってみましょう。また，入院者の退院促進は家族の生活にも影響することがあるため，家族は戸惑ってしまったり，前向きにとらえられなかったりすることがあります。そのような家族を対象としたグループ活動も適宜実施できるとよいでしょう。

本書の共有・発展

❶　ワークショップ（勉強会など）の活用

　病棟スタッフ等とともに，ぜひ勉強会等で本書の活用方法を検討してみてください。勉強会の参加者が，自分の職場（地域事業所・病院等）で他のスタッフにプログラムを広めることができるように具体的イメージを共有します。すでに「支援の核」となっているサポーターだけでなく，その同僚ともチームを組むことを想定して，多職種に参加を呼び掛けましょう。その際，すでにある地

域のネットワーク等を活用することも有効です。

　勉強会では，本書の概要と支援要素の具体的な説明をおこないます。とくにチームづくりについての部分を中心に実施します。自分たちの地域の具体的な状況，チームづくりの課題，スタッフの退院促進に対する思いや退院を困難にしている要因などを話し合います。その後，本書を活用することで，どのような課題を解決することが可能か，具体的な支援要素を用いた検討をおこないます。

　決められた制度や枠組みのなかで支援をおこなうのではなく，自分たちが支援に参加することにより，本書の内容がリアルに実感できるように変化していきます。そして，それぞれの地域の状況に応じてカスタマイズして活用できることを認識してもらい，支援の困難感を下げるようにします。

❷　モニタリングの実施体制

　「支援の核」のサポーターが中心となって，支援要素を実施するうえでの課題を話し合います。チーム支援の効果や成果とともに，多職種にどのように共有されているかを確認し，今後の課題を確認します。本書を使いながら，それぞれの地域での取り組みを把握することが可能になるのが萌芽期です。自分たちの地域だけではなく，都道府県で開催される研修などに参加した際には，他の地域でどのような活動がされているかを意識し，情報交換をしていきましょう。

病棟における入院者の退院支援の準備

❶　退院支援計画を作成し，病棟・多職種チーム内で共有する

(1)　入院者が希望する退院後の生活をすり合わせながら目標を設定して，支援環境と主な支援者を退院支援計画書に記載します。入院者が退院支援の協力者を知り，安心して相談できることが大切です。ここで，「地域移行支援情報交換シート」(144頁) や，「病棟における退院支援計画・経過一覧表」(146頁) を作成します。可視化することで，スタッフ全員で入院者の退院に向けた状況や今後の予定を共有することができます。

❷　退院支援の実践

(1)　多職種による退院支援のためのカンファレンスを開いて，情報を共有します。医師の治療方針や退院支援について，具体的に利用者に説明をします。

(2)　サポーターやスタッフは，日常生活のなかで利用者とコミュニケーションをとりながら，行動や生活能力を把握していきます。

(3)　支援の活用の意味と必要な支援を検討できる例を紹介し，身近に感じることで支援の利用について理解を得るようにします。そのうえで，入院者の希

望と支援のすり合わせをしていきます。

(4)　入院者の病状が安定していることや，退院意欲があることに理解を得られるように，多職種で家族に伝えていきます。家族が退院支援に理解を示すことで，入院者は安心して支援を受けることが可能になります。ただし，家族が理解しないから退院支援ができないという消極的な姿勢にならないよう注意が必要です。

(5)　入院者の希望に沿ったリカバリーゴールとスモールステップ（小目標）を設定します。

(6)　リカバリーゴールとスモールステップをすり合わせながら，本人と一緒に支援計画を立てます。身近な生活の計画から，段階的に退院後を見据えた計画へと，実施された支援に対する評価を行いながら追加修正していきます。

(7)　退院支援計画の流れを入院者に説明します（わかりやすく表にして示すのもよいでしょう）。

(8)　退院支援を受けることによって起こる本人の変化の対応については，チームでカンファレンスをおこない，一緒に対策を考えるようにします。

❸　チームによる支援体制の整備

　チームを意識した活動ができるように，入院者の定期的なカンファレンスを行い，スタッフの意識や視点を統一していきます。とくに，多職種スタッフ間，とくに医師には利用者とともに作成した支援計画や，支援の方向性を伝え理解を得ておきます。

❹　心理教育の実践

(1)　退院支援の対象者は知識を得ることで自己理解・他者理解を深めます。認知に対してのアプローチも必要となってくることがあります。

(2)　グループメンバーの意見交換を中心に進め，入院者同士の力を活用します。退院者の実際の生活を見てもらうのもよいでしょう。

(3)　入院者の心理教育に対する理解の進捗度を把握しながら必要なことをフォローしていきます。

(4)　ポジティブなフィードバックをおこなうことによって，入院者が自信が持てるように心がけます。

❺　入院者に対する心理的サポート

(1)　入院者の変化していく思いを傾聴し，その受け止め方と対応をチームで共有します。

(2)　入院者の思いや課題の把握のための面接を行い，本人主体の解決策をともに考えます。支援の進行度を確認しながら，不安や焦りを傾聴します。

(3)　作業療法活動や外出など入院者の初めての体験時には可能な限り同伴し，

不安の軽減に努めて次へのステップにつなげていきます。

3　形成期（2期）　多機関が組織として協働する事例をめざす────

形成期の特徴

　形成期では，病院，地域事業所，行政等の多機関が組織を越えて協働する支援チームを構築し，実践をおこなうことが可能になります。ここでは萌芽期までにつくられたチームが，どのような実践を求められるのかを考えます。さらに，発展期に向けたシステム化をめざすにはどうしたらよいかを検討します。

　チームの取り組みが進んでも，それまで中心となっていたサポーターが替わることで，支援やチーム形成が停滞することがあります。例えば，スタッフが集まる機会が定着し，退院に向けた話し合いが重ねられたとしても，足並みが揃わなくなることもあります。ときには行き詰まりを感じることもあるかもしれません。そのようなときは，これまでかかわってきた入院者・退院者の支援を振り返ることで，改めてチームの目的や方針を確認する機会ともなり，チームの意欲や意識を高めることができます。

チームのつくり方

　形成期では，退院促進の実践がそれぞれの組織に承認されたものになり，複数の退院支援のチームが並行して実践をおこなっている状況です。そして，地域全体の退院促進が「あたりまえ」のことになるところ（発展期）までつなげるために何が必要なのか，話し合うことのできる土台づくりをします。

　形成期になると，コーディネーター，ケースマネジャー，サポーターそれぞれの役割が明確になっています。コーディネーターは，他の組織のチームとも目的を共有しながら活動します。ただし，組織が小さい場合には，コーディネーターが個別のケースマネジャーを兼務（プレイングマネジャー）することもあります。コーディネーターの役割として特徴的なのは，内部調整よりも対外的な調整をより積極的におこなうことです。また，協働支援チームをとりまとめる役割を担っています。形成期のサポーターは多職種で構成され，専門性を活用した支援を実施しています。また，組織内で主に活動

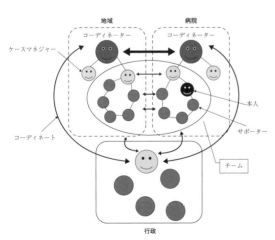

図6-3　形成期

しているチームは，コーディネーターを介さなくても他組織のチームのサポーターと連携（協働）することが当然となり，他組織とは，ケア会議，チーム会議，連絡調整会議を通しても交流がおこなわれています。形成期では，退院をめざす入院者の姿が周囲（入院者・スタッフ）の退院（支援）意欲を高める存在になっていることでしょう。

❶　**活動が承認される過程と並行して地域機関との連携・協働を深める**

【病院・地域】入院中からつねに地域事業所がかかわる支援体制ができていることが重要です。対象者の状況や支援の経過により，病院・地域事業所の役割は変わっていきます。その過程を共有しながら，本人中心のケア会議を可能な限り定期的に実施し，連携・協働を深めていきます。

❷　**行政機関との協働**

【病院・地域】萌芽期に病院，地域事業所からの働きかけをおこなったことで，行政機関が主体的に関与する状態になっているのではないでしょうか。とくに生活保護や障害福祉の担当者を窓口として，他の行政機関の担当者との連携が可能になる関係性が築けているとよいでしょう。病院や地域事業所のサポーターのみならず，ピアサポーターも積極的に行政機関の会議等に参加します。地域福祉計画の策定委員になることもあるでしょう。形成期では，行政機関の職員が協議会の部会長を担うなど，行政の積極的なかかわりが始まっています。

　しかし，その一方で首長や行政担当部署の担当者が替わることで，行政機関との協働が一気に後退してしまう可能性もあります。例えば，生活保護制度の研修会などに行政機関から講師を派遣してもらうなどして，意識的に行政機関の担当者と関係者が顔を合わせる機会を設けましょう。

❸　**個別ケースの積み重ねを通じて関係機関間の協働へ**

【病院・地域】個々の「支援の核」の力量に左右されず，地域における支援の力の向上を目指すために，業務内外で関係機関同士がつながる仕組みをつくることも有効です。協議会下部組織（地域移行部会等）でのケース共有や，有志での専門職意見交換会，関係機関間での意見交換会等が挙げられます。また，当事者やピアサポーターの関与があたりまえとなるにはどうしたらよいのか検討を始めます。

❹　**地域事業所間の協働を通じた地域全体での退院促進の仕組みづくり**

【地域】形成期は，行政がその地域における入院者の実態を把握し，退院促進に積極的に関与できるための基盤ができる時期です。協議会に働きかけるために，下部組織・有志の意見交換会等で意見をまとめ，情報共有することも一つの方法です。

❺　ピアサポーターの養成

【病院・地域】形成期では，ピアサポーターがチームの一員となって活躍することがあたりまえの状況になっています。病院と地域事業所は協働しながら，さまざまな個性を持つピアサポーターの仲間を増やしていきます。

本書の共有・発展

❶　ワークショップ（勉強会等）の活用

　退院支援を実施しているサポーター等（当事者を含む）による勉強会や，意見交換を主としたワークショップを活用します。これまでに本書を活用しておこなってきた支援や体制整備の進捗状況を再確認し，各チームからの意見を基にそれぞれの実施状況の共有をします。また，支援要素レーダーチャート等を活用して客観的な各チームの実施状況や結果のフィードバックをおこない，他チームとの比較や各チームのストレングスなどを共有できます。

　形成期には，実践のなかで実感している成果の確認だけではなく，他の地域のチームとお互いの活動内容を共有することが可能になります。他の地域への見学や見学受け入れなど，チームの活動の範囲が地域を越えていきます。

　また，地域の特色を生かした実践を他の地域のチームと共有したり，他地域でもできるかどうかの検討をおこないます。各チームで実施困難だった支援要素についても確認し，他の地域での様子を踏まえて課題を共有することができます。これまでの実践と他の地域の実践で学んだことから，実施困難な支援要素をどのように実施できるのかを検討します。

❷　モニタリングの実施体制

　本書の支援要素を定期的に確認することで，自分たちの実践を見直す機会を設けます。チーム内の機関同士で実践上のズレ（支援方法・意識等）を調整する機会にもなります。また，他地域のサポーター等の訪問を受入れることで，チーム内での実践を他の地域と比較しながら確認する機会となります。自分たちの実践の特色や強み，改善点が具体的にわかります。

病棟における入院者の退院支援の準備

　形成期であっても，当然ながら，この人は退院することが難しいのではないかと感じる入院者に出会うこともあると思います。そのようなときには，萌芽期の「退院支援の準備」を見直して，自分たちの支援に不足していることがないかを確認してみましょう。数年前までは退院支援が難しかった入院者に対しても，支援体制が整い，実践の蓄積をもっている形成期の現在であれば，濃厚な支援が可能ではないでしょうか。

　形成期はピアサポーターが積極的に活躍を始める時期でもあるため，病院や地域事業所のスタッフはピアサポーターの支援体制もつくっていきます。

4　発展期（3期）　行政の積極的な参画で効果的実践をめざす────

発展期の特徴

　発展期では，多機関が機関を越えたつながりのなかでチームを形成し，効果的な実践をシステム化します。ここでは，いくつかのチームがより発展していくために，地域全体で取り組む基盤を形成することを考えます。地域全体の退院支援をマネジメントできる組織の形成です。こうした組織の実践がさらに近隣地域に波及し，地域全体の精神保健福祉の取り組みの向上につながることが期待されます。

　すでに専門家のみの集まりや合議体，協議会などの組織があるにもかかわらず，それらの集まりが形骸化してしまい，具体的な実践に反映されないままに時間が経過しているかもしれません。活動を停滞させないために，退院者を含めた全員参加型のチームづくりの仕組みや他の地域のチームとネットワークを組み，相互に地域全体の取り組みについて意見交換する機会をつくることも有効です。また，こうした実践を地域全体で共有することが，地域の精神保健福祉の質の向上につながるのではないでしょうか。

チームの作り方

　発展期では，地域全体で退院支援が実施されていることがあたりまえになっています。行政・病院・地域の各機関に属する職員にピアスタッフを含めた支援チームが形成され，地域全体で精神障害者の退院支援に取り組んでいます。退院支援の数値目標等の共有，本書にそった支援（地域の現状に合わせて応用して使われていることもあるでしょう）や，モニタリングの仕組みの完成を見る時期です。こうした地域では，以前と比較して長期入院者数が大幅に減っているはずです。

　行政機関にもケースマネジャー（コーディネーターを兼ねることもある）の役割を担う人がおり，チームは組織の枠組みを越えた協働支援チームとして医療機関・地域事業所・行政機関のサポーターによって構成されています。この時期は，一人のサポーターがいくつもの協働支援チームに参加しており，チームのメンバーは流動的でありながら支援が滞ることはありません。ピアサポーターやピアスタッフは当然ながらチームの一員です。

　発展期では，つねに情報交換をおこなっているため，組織外の動きを把握す

ることが可能であり，自分が所属している組織の枠組みを越えて連携をしています。また，高齢者や子どもなどの支援をおこなう関係機関とつながることで，退院支援だけではなく，地域のさまざまなメンタルヘルス課題にも取り組むことが可能になっています。さらに，コーディネーターは他の地域にも視野を広げ，広域での支援がよりスムーズにおこなわれることをめざします。どのチームにおいても一定の質を担保した支援が提供されており，自己実現・自己決定による利用者中心の支援がおこなわれていることでしょう。

❶　退院支援対象者の状況を共有できる仕組みづくり

　地域内の退院支援対象者数（入院者すべて）とその状況を把握し，各機関・地域で取り組むべきことを明確にしなければなりません。そのためには，各機関の責任者レベルの職員が定期的な会議を持ち，退院支援に関する方針を共有します。また，地域での事例検討や事例研究会や研修会等を開催することと，本書による実践を共有することの二本立ての仕組みがあるとよいでしょう。

❷　地域医療計画や障害福祉計画等に目標退院者数を盛り込む

　退院支援の対象者数等の目標数値が具体的に共有されることで，地域全体での退院支援への士気を高めることも大切です。地域での入院者数・退院者数の調査数値を活用して，具体的な目標を立てられるとよいでしょう。

❸　各地域でのモニタリング

　退院支援の取り組みをモニタリングすることで地域の強みや特色，残された課題を確認し，地域での退院支援の継続とさらなる発展を考えていかなければ，形成期や萌芽期に逆戻りしてしまうこともあり得ます。そのために地域内の各機関が一緒に取り組みを振り返ること，それぞれの機関の役割が果たされているか，新たな役割，必要な資源は何なのかを検討することができるとよいでしょう。

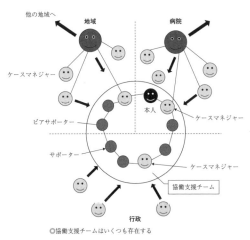

◎協働支援チームはいくつも存在する

図6-4　発展期

　さらに期が熟成してくると，自分の地域の取り組みを他地域に発信する役割を担うことになります。継続的なモニタリングや他の地域との取り組みの共有は，コーディネーターを中心にして積極的におこなっていきましょう。

❹　地域連携パスの作成・活用

　退院支援の仕組みが地域で共有化されていたとしても，これまで「支援の核」として中心的に活躍してきたメンバーがいなくなるなどの要因で，「何をしてよいかわからない」

という状態になるおそれもあります。発展した地域の退院支援の仕組みを継続するためには，その地域独自の「地域連携パス」を作成し，共有することも有効です。

❺ 「誰もがその人らしく暮らすことのできる」未来に向けて

発展期が達成された後は，チームはすでに地域内で「あたりまえ」に活動しています。取り組みの結果，精神科病床数が大幅に削減されていることも考えられます。その場合，病院で活動していたサポーターが地域のサポーターとしてチームの一員となり，生活支援や退院支援に取り組んで病院にあたりまえに出入りしている状況もよく見られるかもしれません。

このような病院と地域の人的な交流だけではなく，障害者・高齢者等の制度や専門分野等，さまざまな垣根を越え，それぞれの役割をカバーしながら連携し，「だれもがその人らしく暮らすことのできる」地域という目標に向かって邁進していることでしょう。

本書の共有・発展

❶　ワークショップ（勉強会等）の活用

本書を活用した支援が定着した後も，よりよい支援へとバージョンアップすることが可能です。ワークショップでは，活動の中心であったコーディネーターなどが積極的に報告をおこない，実践現場での本書の活用状況，課題等を共有します。そのなかで，新たにプログラムに取り入れるべき支援要素の提案と検討もおこないます。さらに，他地域へのプログラムの普及・啓発に向けた取り組みの検討をおこなっていきましょう。

❷　モニタリングの実施体制

地域内で活動していた支援者が他地域を訪問し，モニタリングすることで，支援者としての経験・意見を踏まえて意見交換をすることができます。他地域で得られた知見をさらに別の地域での支援や再び自分の地域の実践に生かすこともできます。

プログラムをよりよく改訂していく「メンバー」として，相互に実践報告や意見交換をし合いながら，本書をバージョンアップさせていってください。

コラム11
開拓期の苦悩，課題，展望

山下眞史

特定非営利活動法人ネオ　理事長

　私が所属する特定非営利活動法人ネオがある和歌山県新宮・東牟婁圏域は，本州最南端である潮岬や世界遺産「紀伊山地の霊場と参詣道」を含む風光明媚な圏域です。しかし，高速道路に乗るまでに2時間，和歌山県庁までは車で3時間以上かかり，某テレビ番組では東京から一番時間がかかる地域と紹介されました。面積は広く県全体の19.5%を占めますが，人口は県全体の6.8%で毎年1000人程度の人口減がある過疎と高齢化が進む圏域です。

　圏域内には単科の精神科病院が2院と精神科診療所が4院あり，合計335床の精神科病床がありますが，精神科救急はなく，万一夜間や休日に緊急受診が必要になったときには，往復6時間以上かかる県立病院を受診する必要があります。また，退院後の受け皿となる地域の社会資源も脆弱で一度入院するとなかなか地域に戻ることができず，平均在院日数も県内平均の2倍以上の地域となっています。

　和歌山県では長期入院精神障害者地域移行促進事業を県単独事業でおこなっており，他の圏域では例として，長期入院患者が少しでも退院したいと思えるモチベーションを上げるために，病棟内でピアサポーターが入院患者と茶話会や地域体験ツアー等を行ったりしていますが，この圏域ではまだ実施できていません。

　一方，福祉サービスにおける地域移行支援事業での退院数は，他の圏域と比べると多い数となっており，精神科病院や相談支援事業所では単独で退院促進（地域移行促進）を実施していて，数は伸びてはいるが精神科病院と地域事業所の連携が取れていなく，この本で定義されている「開拓期（0期）の達成」にも満たないと言わざるを得ません。余談ですが研究班の意見交換会では「マイナス1期の地域」と呼ばれていました。

　2017年，この地域の精神科医療福祉をなんとかしようと，県立保健所が主導で「新宮・東牟婁における精神保健医療福祉の在り方を考える」ワーキング会議が開催され，圏域内の精神科医療機関，福祉サービス事業所，行政が本圏域の現状と課題について時間をかけて話し合い，現状を打開する方策として，①精神科訪問診療，②24時間365日対応の精神科訪問看護，③精神障害者も対応できるショートステイが挙げられました。

　その会議の報告を受け，地域の精神科診療所が訪問診療を始め，私が所属する法人グループで精神科訪問看護ステーションと共同生活援助（グループホーム）を立ち上げ，ショートステイは地域生活支援拠点等で今後整備されることになりました。

　ようやくこの圏域での退院促進に向けた芽が出始めたところですが，今後は，これらの社会資源と精神科病院と他の関係機関をつなぎながら「期」を進め，この圏域で少しでも多くの長期入院患者が退院し，地域で住み続けることができるように進めていきます。

コラム 12

地域移行をすすめることは，地域の課題

中野千世

医療法人宮本病院　地域活動支援センター櫻　精神保健福祉士

　当事業所での退院促進・地域移行・地域定着の取り組みは，2006年度から始まりました。振り返ってみると，この取り組みからさまざまなことが広がってきたように思います。開始当初から，事業について協議する場には，医療と地域と行政の担当者の参画がありました。元々，和歌山市の官民協働でつくられたインフォーマルなネットワークがベースにあったので，目的を共有し一緒に取り組みやすかったように思います。

　はじめの頃は，退院促進の事業説明，協力依頼のため，市内の精神科病院を回り訪問しました。その際には，各病院のPSWが窓口となってくれ，県と市の担当者が同行してくれたことが，心強かったです。各病院へ出向くことが可能となり，その後は入院中の方へ，病院スタッフの方へ，退院促進事業についてお知らせする周知活動に取り組むようになりました。わかりやすく寸劇を用いた説明会を開催，ポスターやリーフレットを作成するなど，より多くの入院中の方々に知っていただこうと，工夫を行いました。退院促進の支援があることを知っていただいたうえで，自ら支援を希望される方には手を挙げていただけたらという思いがありました。そして，入院中の方にメッセージを伝え続けよう，地域の風を届けていこうと思うようになりました。

　地域から病院に出向くことで，入院中の方の思い，病院スタッフの思いに触れることができるようになり，しっかり受け止め，必要なことにつないでいこうと支援を積み重ねてきました。退院意欲をなくされている方へのモチベーションのサポートも取り組んできました。

　実践を積み重ねるなかで，「本当にこれでよいのか？」と考え，悩むこともありましたが，折に触れて，タイソク研究班のみなさんや参加されている他府県の実践家のみなさんと評価や意見交換ができる機会は，大変有意義でした。和歌山市での実践で何ができていて，足りないものは何か，工夫のポイントについて等，振り返りと確認ができたので，次にやるべき課題やめざすべき姿が明確になりました。

　和歌山市では，自立支援協議会精神障害者部会での取り組み，ピアサポーターとの協働が強みであり，さらなる可能性を感じています。入院中の方，ピアサポーター，病院・地域・行政の方々も，みんなそれぞれ強みや可能性があることに目を向け，さらには，地域としての強みを活かし，可能性を広げていければと考えています。退院促進・地域移行・地域定着に取り組み続けられているのは，さまざまな方との「つながり」があってこそと，確信しております。

　これからも，さらに，「地域移行をすすめることは，地域の課題」として，みんなで取り組み，精神障害があっても自分らしく元気に暮らせる地域づくりをめざしていきたいです。

第7章

現場で効果的実践を実現するためのツール

1　全体構想シート

戦略プランを立てよう

　効果的な実践に取り組むために，はじめに自分たちの実践現場がどのような状況（現状）におかれているのかを分析して，取り組むべき目的・目標を明確化する必要があります。ただし，地域ごとに課題や目的・目標は異なります。そのため，**全体構想シート**（140頁）を活用して，自分たちが実践している地域の状況を把握し，長期入院に対する実践上の戦略を立てることが重要です。まずは，これから取り組むチームのコンセプトやテーマを考えてみましょう。それがチームの行動指針となり，戦略プランの要になります。

効果的支援要素で実践課題を明確化する

　各自治体で設定している数値目標は障害福祉計画により定められていますが，具体的実践課題は明記されていないこともあります。第Ⅱ部で示した効果的支援要素を用いて，□にチェックを入れることで，達成未達成の効果的支援要素を把握します。それにより自分たちの実践課題がより明確になります。チェックボックスの点数はフィデリティ尺度（第Ⅰ部第3章第5節参照）として，下のような**レーダーチャート**に記入することでわかりやすく可視化されます。

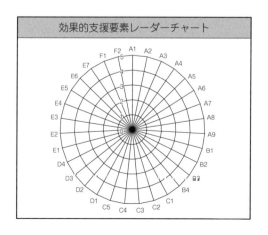

現場の分析をしてみよう

　効果的支援要素をより多く達成して，効果的な実践を実現するにはどうすればよいのでしょうか。それを検討するために，**SWOT 分析**を用いて現状の支援状況を分析します。

　まず，自分たちの現場における長期入院の支援状況において，内的要因となる「**強み**」と「**弱み**」を記述します。「強み」とは特徴や得意なこと，「弱み」とは苦手なこと，実践できていないことなどが考えられます。

　次に外的要因として，現場を取り巻く環境の「**促進機会**」と「**障壁**（脅威）」を検討し記述します。「促進機会」とは現場やチームにとって有意に働く環境や機会，「障壁（脅威）」とは退院の阻害要因や環境の変化などが考えられます。

　4つの要因を記述したら，それぞれを掛け合わせて，長期入院者の地域生活を実現させるためのチーム戦略の基盤を考えます。

① 「強み」×「促進機会」（強みを活かして促進するには）
② 「強み」×「障壁」（強みを活かして障壁を乗り越えるために）
③ 「弱み」×「促進機会」（弱みを補強して促進する機会へ変える）
④ 「弱み」×「障壁」（弱みから最悪のシナリオをさけるためには）

　これらの4つのテーマを絞りこむことで，これから自分たちが取り組むべき方向性に優先順位をつけます。詳しくは，後述するシートの活用例も参考にしてください。

SWOT 分析	
強み	促進機会
弱み	障壁
①強み×促進（強みを活かして促進するには）	
②強み×障壁（強みを活かして障壁を乗り越えるために）	
③弱み×促進（弱みを補強して促進する機会へ変える）	
④弱み×障壁（弱みから最悪のシナリオをさけるためには）	

知っておくべき具体的な取り組み地域の状況

　具体的に取り組むべき優先順位が示されたら，次は**取り組み地域の状況**の確認です。自分たちの実践現場を取り巻く環境を具体的に整理しましょう。自分たちの活動する地域において，社会資源がどの程度あるのか，支援を必要とする長期入院者がどのくらいいるのか，関係機関が長期入院に対する取り組みをどの程度，どのように実施しているのかなどを記入していきます。それぞれの機関が何を実施しているのかを知ることは，逆に何ができていないのかを知るヒントになります。さらに長期入院者の状況等を把握することは，自分たちの取り組むべき目標を明確にします。

　シートには人数のみ記載しますが，病院から長期入院者の具体的な情報を共有すること（例えば，長期入院者の名簿や一覧性の台帳を作成するなど）で，支援が届きにくい人たちや，自ら退院意思を表明できない人たちの実態を知ることにつながります。地域全体で共通の目的意識を高め，チームの具体的実践の戦

取り組み地域の状況						
	圏域（精神医療）		市区町村（障害福祉）		機関（個別）	
病院数（病床）	病院	床	病院	床	PSW	人　床
1年以上5年未満入院者	（65歳以上） 人	人	（65歳以上） 人	人	（65歳以上） 人	人
5年以上10年未満入院者	（65歳以上） 人	人	（65歳以上） 人	人	（65歳以上） 人	人
10年以上入院者	（65歳以上） 人	人	（65歳以上） 人	人	（65歳以上） 人	人
グループホーム等戸数	戸	部屋	戸	部屋	空室	部屋
相談支援事業所数	ヶ所	（精神） ヶ所	ヶ所	（精神） ヶ所	（相談支援 専門員） 人	（利用者） 人
地域移行・地域定着実施数	人	人	人	人	人	人
長期入院者（地域移行）に関する取り組み						
精神保健福祉センター						
保健所						
自治体（市区町村）						
協議会（部会）						
精神科病院						
地域活動支援センター（基幹）						
相談支援事業所						
その他（　　　　　　　）						

略目標を導くことにつながります。

　あわせて，**長期入院者に関する取り組み**も各機関について記入しておきましょう。

2　基本計画シート

　全体構想シートで，自分たちの実践現場を整理，分析して，チームの具体的戦略目標を共有したら，次はこれから自分たちが現場で何をどうするか具体的な計画を立てるために**基本計画シート**（144 頁）を活用します。

ソーシャルネットワークを描いてみよう

　まず現在のチームを取り巻く環境を描いてみます。それぞれの機関がどのくらい（密接に）つながっているのか，逆につながっていないかを**エコマップ**[*16]を作成する要領で描きます。チームを取り巻く環境を**ソーシャルネットワーク**としてイメージすることで，自分たちがどこと，どのくらい，どのようにつながりをつくるかチームで話し合いをもちます。そして，将来，長期入院の解消のためにどのような環境をめざすのか，どのようなネットワークを形成するか話し合い，病院・地域事業所・行政等が協働するチームへ発展していく姿を共有します。

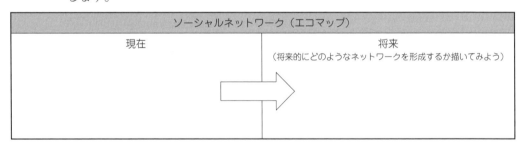

具体的な目標と実行プランを考えよう

　次に**時期を見据えた圏域の戦略目標**を立てます。チームで考える目標は，時間（達成時期）と範囲（達成期間）を想定することで，より具体的な達成課題を明快に共有することが必要です。

　そこで，**近位**（おおむね 3 か月），**中間**（おおむね 3 か月〜 6 か月），**遠位**（おお

----

memo ------------------------------------

＊16　エコマップとは，本人とその家族，さらに社会生活上でかかわるものを，生態学の観点で，葛藤や緊張，満足などの感情と関係性を視覚的に図で示したものです。生態地図とも言われます。1975 年にアン・ハートマン（Ann Hartman）が考案しました。

むね6か月〜12か月）の目標を具体的な目標値を入れて考えます。例えば，近位目標は対象となる長期入院者を具体的にリストアップする，中間目標は対象となる長期入院者と面接する人数を決める，遠位目標は長期入院者の具体的退院者数を決めるといったことが考えられます。

　その時期を**準備期**，**実行期**，**評価期**として**目標達成に向けた具体的実行プラン**を考えます。それぞれ病院（精神科病院），地域（地域活動支援センター，相談支援事業所等），行政（市区町村，保健所等）の機関ごとに，具体的に何を達成するかを記述します。その達成すべき目標に向けて，具体的実行プランを「だれが（だれと）」「なにを」「どうやって」「いつまでに」「する（具体的役割）」ということを明らかにしながら記述します。

　プラン作成時に同じシートを用いてチームで話し合うことで，内容を共有しやすくするとともに，定期的な振り返りをして目標を達成できているか□にチェックしてみてください。

時期を見据えた圏域の戦略目標		
近位目標（準備期：〜3か月）	中間目標（実行期：〜6か月）	遠位目標（評価期：〜12か月）
具体的な目標値： □	具体的な目標値： □	具体的な目標値： □
目標達成に向けた具体的実行プラン		
だれが（だれと） （　　　　　）	だれが（だれと） （　　　　　）	だれが（だれと） （　　　　　）
なにを □	なにを □	なにを □
どうやって □	どうやって □	どうやって □
いつまでに □	いつまでに □	いつまでに □
する（具体的役割） □	する（具体的役割） □	する（具体的役割） □

ファーストアクション

　シートを用いてチームで具体的な戦略プランを検討し，それをもとに振り返りをおこなうことで，チーム力が高まり長期入院者の地域生活の実現がより加速していくことが期待されます。そこで，まずは何をするか（**ファーストアクション**）を考えてみてください。例えば，身近な関心のある関係者が集まる機会（研修や話し合い，飲み会など）を設定するなどが考えられるでしょう。はじめの一歩は地域ごとの取り組み状況により異なると思いますが，コミュニケーションの取れる場を設定し，活用していくことがポイントです。

対話を進めるワークショップの活用

　シートを活用したワークショップをおこなうことはとても有効です。チームで話し合いながらフィデリティ評価をチェックしてみる，付箋で意見を出し合いながら SWOT 分析をしてみるなど，話し合いながらシートを埋めていきましょう。多数のチームがあれば，お互いのシートを見てアイディアを共有するといっそう深まります。

　そして，定期的な振り返りをおこない，シートの内容をチームでアップデートしていくことが大切です。チームが一体的な組織として，有機的に機能し，効果的な実践を実現するためにシートを活用しながら，チーム力を高めて長期入院の解消をめざす「対話」を重ねていくことが重要です。

3　「期」ごとのシート活用例

（1）開拓期（0期）における戦略

　開拓期は「支援の核」を形成しチームへ発展させる段階です。病院と地域事業所の中心となる支援者が，個別ケースを通じて「支援の核」となる関係をつくります。そして，チーム支援に発展させるために，どのようなアクションをおこすかを考えるときにシートが活用できます。戦略を考えるシートを作成するうえで，長期入院者の退院支援に意識を持つ人へ声をかけて一緒に取り組むことは有効です。

　開拓期では障壁ばかりが目立つかもしれません。しかし，長期入院を解消するために，必ず自分たちができることがあります。例えば，強みとして「長期入院者の退院をなんとか実現したい医者がいる」場合，促進機会として「地域事業所が地域移行支援で一緒に退院支援できる医療機関を探している」ときに，強み×促進機会として「病院内で長期入院者の退院支援について具体的症例を想定した勉強会をセッティングする」という戦略的テーマを立てることができます。

　他地域の取り組みのアイディアも参考に一緒に考える機会や，戦略シートを作成するための勉強会，研修会などを企画して有志の仲間を誘うことも有効です。開拓期の弱み，障壁についても考えて追記してみてください。

強み	促進機会
長期入院者の退院をなんとか実現したい医者がいる	地域事業所が地域移行支援で一緒に退院支援できる医療機関を探している
弱み	障壁
① 強み×促進（強みを活かして促進するには）	
病院内で長期入院者の退院支援について具体的症例を想定した勉強会をセッティングする	

開拓期の戦略を考える上でのヒント

【病院と地域の橋渡し】

　病院スタッフに地域の事業所，地域スタッフに病院の見学に来てもらう。

【対話の場（会議等）】

　病院と地域のチームスタッフがお互いを理解するための場を設ける。

【スタッフのやる気】

　地域資源見学会へ看護に参加してもらう。

【行政との協働】

　行政機関の担当者に挨拶する，顔見知りになる，協力を求める。

【研修会（勉強会）】

　実習や新人研修にデイケアや訪問看護，地域資源の現場実習を組み込む。

【腹の見える連携】

　個別ケースの相談をていねいに情報共有する。

（2）萌芽期（1期）における戦略

　萌芽期は各々の機関から取り組みの承認を得てチーム支援の基盤をつくる段階です。個別支援を重ねた経験を踏まえて，病院，地域事業所，行政等の多機関がチームとして取り組むことを実現させます。そのためには，チームの実践を各々の機関で認められることが必要です。戦略シートはそのチーム基盤をどうつくりあげていくかを考え，次の段階へ進める足がかりが記述されます。

　各機関の承認をどのように得ていくのかを探るために，現状と課題を「知る」ことが重要です。そこで全体構想シートが役立ちます。全体構想シートを作成して，チームで共有することは，地域や各機関の抱えている現状と課題に

対して，どのようにアプローチしていくのか戦略を考えるヒントを得ることに
なり，基本計画シートで具体的な戦略を立てることにつながります。例えば，
個別支援件数が伸び悩む，担当者の負担があり疲弊している，取り組みが広が
らないなどのチームが行き詰まりを感じたときは，弱み×促進機会，弱み×障
壁で分析をしたうえで，強み×促進機会に向けた戦略目標を立てることが有効
です。萌芽期の強み，障壁についても考えて追記してみてください。

強み	促進機会
	地域事業所の共同企画で社会資源の見学会をおこなっている
弱み	障壁
病院スタッフが長期入院者の退院支援のノウハウがない	
③　弱み×促進（弱みを補強して促進する機会へ変える）	
病院内で社会資源見学会へ参加するスタッフを募り，参加を促しながら地域事業者と長期入院者について話す機会をつくる	

萌芽期の戦略を考える上でのヒント

【病院と地域の橋渡し】

　病院近くの地域事業所が直接パンフレットを配布する，病棟で退院促進ニュースやパンフレット，ポスターなどを貼り，アナウンスする。パンフレットに県や市の名前を入れる。

【対話の場（会議等）】

　病院の退院支援会議に地域スタッフも参加する。

【スタッフのやる気】

　入院者，スタッフともに退院した人の暮らしを見てもらう（成功事例）。

【行政との協働】

　現場のケースワーカーが役職につくことを想定して，将来にわたり協力を得られるように良好な関係をつくる。

【研修会（勉強会）】

　研修で退院した人の実際の地域生活をビデオで上映する。

【腹の見える連携】

　病院主催で関係機関を集める勉強会や企画をおこなう。

（3）形成期（2期）における戦略

　形成期は機関を超えた支援チームの取り組みをシステムとして位置づけることをめざす段階です。長期入院者の地域生活を実現するために，チームがそのエリアで何ができるのか，ともに考えることや振り返りをするために定期的に集まることが推奨されます。今後の退院支援の展開などを検討し共有する機会としながら，定期的かつ形骸化しないように実施されるために，どのようにすればよいか考えるうえでシートが活用できます。

　例えば，チームで支援要素の未達成項目をレーダーチャートで確認します。そこでチームにピアサポーターの参画が課題だと共有された場合，弱みに「支援チームにピアサポーターがいない」と記します。そして，促進機会に「ピアサポーター養成講座の研修」があった場合に，弱み×促進機会に「チームでピアサポーター養成講座にかかわり，病院内でピアサポーターによるグループワークを企画する」という戦略を考えることもできます。実際に他エリアでピアサポーターとして活躍している人を呼んで，研修会を企画実施することは効果的です。

　全体構想シートを使いチームで戦略を立て，振り返りをする機会に基本計画シートを活用することで，目標達成の進捗を確認し必要に応じて修正することができるので，定期的に集まる機会が形骸化しないための工夫にもつながります。形成期の強み，障壁についても考えて追記してみてください。

強み	促進機会
	ピアサポーター養成講座研修の実施が自治体で検討されている
弱み	障壁
支援チームにピアサポーターがいない	
③　弱み×促進（弱みを補強して促進する機会へ変える）	
チームでピアサポーター養成講座にかかわり，病院内でピアサポーターによるグループワークを企画する	

形成期の戦略を考える上でのヒント

【病院と地域の橋渡し】

　民生委員，地域事業所，家族会等を対象に病院見学会をおこなう。

【対話の場（会議等）】

　市町村（行政）が主催の実務者会議に病院の看護師，PSW 等のスタッフが出席する。

【スタッフのやる気】

　ピアスタッフからの具体的なかかわりを教えてもらうためにスタッフ向け茶話会を開く。

【行政との協働】

　生活保護ケースワーカーを中心に，他行政担当者のかかわりへ広げていく。

【研修会（勉強会）】

　ピアサポーターによる実践報告会や研修会を企画・開催する。

【腹の見える連携】

　地域事業所，病院，行政等が２か月ごとに集まり，アセスメントを共有する機会をつくる。

（4）発展期（3期）における戦略

　発展期は長期入院を地域課題として地域全体でとらえ，自立支援協議会等（地域移行部会など）が中心にマネジメントする体制を構築させます。そして，システムの確立により，支援チームが機能する効果的な実践を波及させることをめざす段階です。この期では，本書の支援要素のすべての領域において，高い達成率が求められます。さらに達成されていない項目を検討するだけではなく，地域全体で複数の支援チームが機能するためにはどうすればよいか，複数のチームが質の高い支援を同質に提供するためにはどうすればよいか，チームの実践を通じて新たに見えた地域課題の解決を，障害福祉計画等へ提言していくためにどうすればよいかなど，ミクロからメゾ，マクロ的な戦略を考えるためにシートを活用します。

　例えば，強みに「支援チームのノウハウが蓄積されてきた」場合，促進機会として「近隣の病院で病床削減の予定がある」ときに，強み×促進機会で「自立支援協議会等を通じて，病院へチームを紹介してチームのノウハウを OJT で伝えてチームを増やす」という戦略も考えられます。

　チームが実践するエリア全体で効果的な実践がされているかを評価したうえで，隣接した都市と地方などの地域によって異なる課題を把握しているか，近隣の病院や地域事業所，行政等への影響を想定して戦略を考えているかなど，

自分たちの実践する範囲を広げていくことも視野に入れて戦略を考える必要があるでしょう。発展期の弱み，障壁についても考えて追記してみてください。

強み	促進機会
支援チームのノウハウが蓄積されてきた	近隣の病院で病床削減の予定がある
弱み	障壁
①　強み×促進（強みを活かして促進するには）	
自立支援協議会等を通じて，病院へチームを紹介してチームのノウハウを OJT で伝えてチームを増やす	

発展期の戦略を考える上でのヒント

【病院と地域の橋渡し】

　協議会に当事者も入り，病院職員に退院後の生活を知ってもらう意見交換をおこなう。

【対話の場（会議等）】

　協議会，部会，実務者会議などにピアスタッフや不動産関係者等も参加する。

【スタッフのやる気】

　（退院等でかかわりのあった）退院者やピアスタッフなどからのビデオレターを上映する。

【行政との協働】

　行政担当者が変更してもぶれない仕組みを一緒につくる（障害福祉計画など）。

【研修会（勉強会）】

　地域包括ケアシステムなど新しい情報や知識，今後の方向性や意識を統一する研修会（勉強会）を開く。

【腹の見える連携】

　会議終了後に本音で話せる場をつくる，協議会等のあとに懇親会をおこなう。

コラム 13

生活支援って何だろう？

古明地さおり

グループホーム駒里　精神保健福祉士

　病院のソーシャルワーカーとして働き始めて約 15 年が経過しました。多くの期間は病院で長期入院者の退院支援にかかわってきたのですが，この 2 年は，法人内のグループホームで，地域生活支援に取り組んでいます。そんななかで「生活のスタイルは十人十色」という，あたりまえのことを再確認しています。生活の多様性や本人主体ということは常に頭に置いてきたつもりでしたが，病院に長く身を置いているうちに，感覚が薄れてきてしまったのか，と反省しつつ考えていることがあります。

　グループホームの入居者を募るとき「入居対象者」として，いくつか条件を挙げることが多いと思います。例えば「日中通所先があること」とか「服薬管理ができること」など。最近，この条件が十人十色の生活スタイルをつくりにくくしているのかな，と漠然と思っています。もちろん，制度上の制限はあるし，法を犯す事や他者への迷惑行為，自分を傷つける行為を認めることはできませんが，多くの条件は，私たちスタッフが，言葉はよくないですが「手間がなるべくかからないように」設定していることかもしれません。そして条件が多い生活のなかでは，「自己決定」の機会が少なくなっていきます。

　入院生活では治療が最優先なので，医師・看護師等の指示や管理，ルール等多くの条件に合わせて時間が流れていくことが多いと思います。しかし，生活は，自分で決め取り組む「自己決定」の連続です。いつ何をするのか，自分で決めなければ何も始まりません。

　長期入院を経験した方や，家族の大きな支援で生活をしてきた方のなかには，この「自己決定」に戸惑っている様子がうかがえることがよくあります。職員の指示にほっとしたような表情を浮かべることもあります。ある程度のルールや条件がないと，生活が破綻するケースもあるでしょう。だからと言って同じルールを他の利用者にも当てはめるのは，間違っているのではないか。退院しても，自分なりの生活を見出しにくくなるのではないか。それでは医療行為をしないだけの「ミニ病棟」になってしまわないか，などと日々考えさせられています。

　職員数・立地条件・建物の構造等で制限しなければならないことはあります。しかし，生活するのはほかでもない自分。障害の有無にかかわらず，誰かや何かと助けあい，生きていく。せっかく退院したのだから，自分なりに満足できる生活を送れるほうがいいはず。最初は指示やルールが少なくて不安になるかもしれません。しかし，グループホーム職員として，利用者それぞれとのかかわりを通して理解を深め，自己決定を支援し，生活スタイルを一緒に見出していく。多くのルールをあてはめるより，手間も時間もかかると思いますが，そんなことが実現できたらよいな，と考えるのです。

コラム 14

「私が人生の主役」になるために——支援者ができること

三重野芳美

八幡厚生病院　サポートやはた相談支援センター　精神保健福祉士

　「自由だけど責任を負う人生と，何も責任を負わない不自由な人生。どちらをとるかで，10年間悩んでいました」「私が退院したいと言った時，誰も本気にしていなかった。今，本当に退院してもいいと思うのなら，明日退院させてください，それができないなら一生退院しません」そう告げられたとき，あなたなら何と返しますか。

　「状態は安定しているけど，退院の意欲，意思の表示がない」とされた方たちの，声にならない思いはさまざまです。長期の入院生活でいろいろなことを諦め，自分の気持ちを言葉にする機会を失って長い時間が経っているのに，突然入院以外の選択肢があると知らされたとき，不安になるのはあたりまえでしょう。まずは「自分の気持ちを話していいんだ」と思えるようにかかわることから，地域移行は始まっています。支援の展開のなかで，この瞬間が一番大切と感じます。「好きなこと，大切にしていること」をきっかけに，ゆとりと遊び心をもって時間を共有する，そのために一緒に病院の外にでてみると，病院のなかでは見られない表情や言葉が現れます。

　支援が進み始めてからも，日によって「退院したい」「やっぱりやめたい」と希望が揺らぐのは，とまっていた意識が前に向かう力が働いていると受けとめ，「どんなに揺らいでも，とまっても，後戻りしてもいいから，一緒にやっていきましょう」と声をかけつづけます。支援者もそばで一緒に揺れているうちに，本人が自分で答えを出していることが多いと感じます。失った時間を取り戻すことはできないけど，新しい生活で，一人でできないことは誰かに手伝ってもらえばいいさ，という気持ちになれること，支援者の気持ちを引き出す（「なんか放っておけない魅力がある」「一緒にこの人の生活を楽しくしたい」と支援者に思わせる）ことも，強みの一つと考えています。そして，退院をあきらめない，という本人しかできない役割を担う不安に押しつぶされそうなとき，そっと支えるメンバーが病院にも地域にもいるということを，伝え続けていくことも大切です。「自分で決める力をもっている」けれど，それを正直に出すことが大きなハードルであると知り，いろんな方法を試しながら周りの味方を巻き込んでいくことが，私たちにできる支援の一歩ではないでしょうか。

　地域移行支援が個別給付化されても，最も重要なかかわりの初期，支援のための契約の決断ができない段階では給付対象となりません。これはなんとかならないかと常々考えています。安心して意思表示してもいい，と思えるようになるまでの支援が最もていねいにされることが必要です。支援者が支援にかける時間の保障を受けられるよう，行政のバックアップを強く願います。退院はゴールではなく「これから先の生活のスタート」なので，入院中から地域の事業者と顔見知りとなり，知っている人が先々の生活の場にいるという安心感が，退院直後のSOSの時期を乗り越えた機会も多くありました。病院PSWをはじめ多職種チームのかかわりから，相談支援事業所を巻き込むタイミングがとても重要になると思います。

圏域内でも2014年から精神科病院，相談支援事業所，基幹相談支援センター，精神保健福祉士協会，行政の関係者により構成された「精神障害者地域移行連携協議会」の開催，年2回の研修会や多職種・多機関の顔の見えるネットワーク構築に関する取り組みがあります。病院のPSWは，長期入院の背景や，病院の歴史を知り，今後の病院の目指す機能の方向性を理解することで，病院の運営管理をする人も含めた多職種チームでの計画的な支援が可能になります。日ごろから地域の支援者をしっかり味方につけて，お互いの立場や思いをよく知ることが必要です。ピンチのときはたくさん会話が生まれるので，結果的にお互いをよく知ることになり，よりよい連携のきっかけとなります。お互いの視点や言語を知る，頼れるという安心感から，その次の新しい支援につなげることもできるのです。

　10年前は対象者の多くが40〜50代，アパートやワンルームタイプのグループホームへの退院が主でしたが，近年では日常での介助や見守りが提供されるグループホームや，65歳を越え高齢者向けの施設へ退院する方も多くなっています。障害のサービスだけでなく，介護保険をはじめとする高齢者向けのサービス，医療と介護が継続して必要な人が安心して生活するために，一体的に提供できるしくみが不可欠です。障害のある高齢者は今も増え続け，現場でも障害の支援がわからず困る場面があると聞きます。高齢者，障害者の支援者同士が協働する場面が増えると，強みも増える。地域移行のフィールドも広がるのではないでしょうか。2018（平成30）年の障害報酬改定でグループホームに長期入院者を受け入れる際の加算がつきました。今後は介護施設でも同様に報酬上の評価がされることを望みます。

　冒頭の方が，退院後に「自由な人生を選んでよかった。もちろん，ときどき失敗もするけど，何かと周りの人に助けられています。自分ひとりで何もかも背負う必要はなかったんですね。自分も誰かの役にたてていると思うと嬉しい」と笑い話も交えながら「もう入院したくないですね」と話すとき，本人が望む生活というのは，地域で生活しながら考えるもので，入院しながら想定できるものじゃないと感じます。私が私の人生の主役だ，自分で選んだ生活でよかった，と言える人が一人でも増えることを祈って，今後も支援が広がることを期待しています。

資料編

───────────────────────────────

1-1　全体構想シート

(市区町村名)　　　　　　　　(人口)　　　　　人　　　　　　　　　　　　　年　月　日

チームで取り組む目標(退院相促進にむけて目指すもの，テーマ，コンセプトなど)

効果的支援要素レーダーチャート	SWOT分析	
	強み	促進機会
	弱み	障壁

未達成の効果的支援要素		①強み×促進(強みを活かして促進するには)
項目	効果的支援要素	
		②強み×障壁(強みを活かして障壁を乗り越えるために)
		③弱み×促進(弱みを補強して促進する機会へ変える)
		④弱み×障壁(弱みから最悪のシナリオをさけるためには)

取り組み地域の状況

	圏域(精神医療)		市区町村(障害福祉)		機関(個別)	
病院数(病床)	病院	床	病院	床	PSW　人	床
1年以上5年未満入院者	(65歳以上)　人	人	(65歳以上)　人	人	(65歳以上)　人	人
5年以上10年未満入院者	(65歳以上)　人	人	(65歳以上)　人	人	(65歳以上)　人	人
10年以上入院者	(65歳以上)　人	人	(65歳以上)　人	人	(65歳以上)　人	人
グループホーム等戸数	戸	部屋	戸	部屋	空室	部屋
相談支援事業所数	ヶ所　(精神)	ヶ所	ヶ所　(精神)	ヶ所	(相談支援専門員)　人	(利用者)　人
地域移行・地域定着実施数	移行　人　定着　人		移行　人　定着　人		移行　人　定着　人	

長期入院(地域以降)の取り組み

精神保健福祉センター	
保健所	
自治体(市区町村)	
協議会(部会)	
精神科病院	
地域活動支援センター(基幹)	
相談支援事業所	
その他(　　　　　)	

全体構想シートの記入例

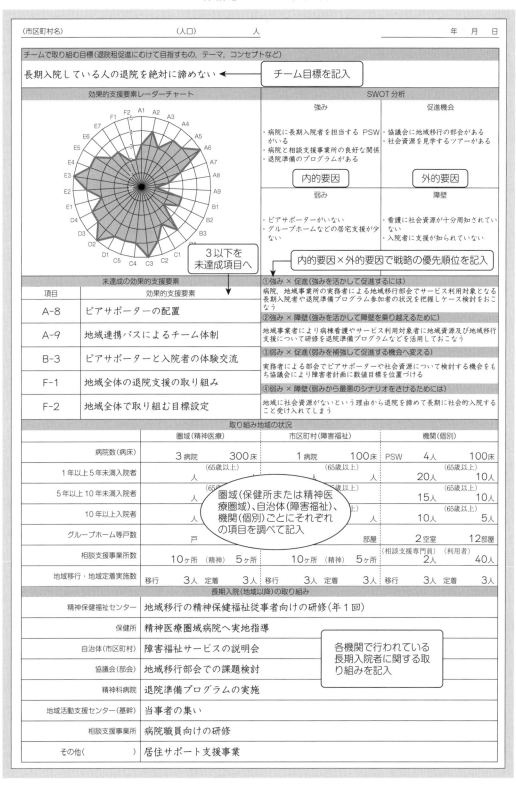

(市区町村名)	（人口）	人			年　月　日

チームで取り組む目標（退院相促進にむけて目指すもの，テーマ，コンセプトなど）

長期入院している人の退院を絶対に諦めない ← チーム目標を記入

効果的支援要素レーダーチャート	SWOT分析

SWOT分析

強み	促進機会
・病院に長期入院者を担当する PSW がいる ・病院と相談支援事業所の良好な関係 ・退院準備のプログラムがある	・協議会に地域移行の部会がある ・社会資源を見学するツアーがある

内的要因　　　外的要因

弱み	障壁
・ピアサポーターがいない ・グループホームなどの居宅支援が少ない	・看護に社会資源が十分周知されていない ・入院者に支援が知られていない

3以下を未達成項目へ

内的要因×外的要因で戦略の優先順位を記入

未達成の効果的支援要素

項目	効果的支援要素
A-8	ピアサポーターの配置
A-9	地域連携パスによるチーム体制
B-3	ピアサポーターと入院者の体験交流
F-1	地域全体の退院支援の取り組み
F-2	地域全体で取り組む目標設定

①強み × 促進（強みを活かして促進するには）
病院，地域事業所の実務者による地域移行部会でサービス利用対象となる長期入院者や退院準備プログラム参加者の状況を把握しケース検討をおこなう

②強み × 障壁（強みを活かして障壁を乗り越えるために）
地域事業者により病棟看護やサービス利用対象者に地域資源及び地域移行支援について研修を退院準備プログラムを活用しておこなう

③弱み × 促進（弱みを補強して促進する機会へ変える）
実務者による部会でピアサポーターや社会資源について検討する機会をもち協議会により障害者計画に数値目標を位置づける

④弱み × 障壁（弱みから最悪のシナリオをさけるためには）
地域に社会資源がないという理由から退院を諦めて長期に社会的入院すること受け入れてしまう

取り組み地域の状況

	圏域（精神医療）		市区町村（障害福祉）		機関（個別）		
病院数（病床）	3病院	300床	1病院	100床	PSW 4人		100床
1年以上5年未満入院者		人 (65歳以上)		人 (65歳以上)	20人	(65歳以上)	10人
5年以上10年未満入院者					15人	(65歳以上)	10人
10年以上入院者					10人	(65歳以上)	5人
グループホーム等戸数		戸		部屋	2空室		12部屋
相談支援事業所数	10ヶ所 (精神)	5ヶ所	10ヶ所 (精神)	5ヶ所	(相談支援専門員) 2人	(利用者) 40人	
地域移行・地域定着実施数	移行 3人 定着	3人	移行 3人 定着	3人	移行 3人 定着	3人	

圏域（保健所または精神医療圏域）、自治体（障害福祉）、機関（個別）ごとにそれぞれの項目を調べて記入

長期入院（地域以降）の取り組み

精神保健福祉センター	地域移行の精神保健福祉従事者向けの研修（年1回）
保健所	精神医療圏域病院へ実地指導
自治体（市区町村）	障害福祉サービスの説明会
協議会（部会）	地域移行部会での課題検討
精神科病院	退院準備プログラムの実施
地域活動支援センター（基幹）	当事者の集い
相談支援事業所	病院職員向けの研修
その他（　　　　）	居住サポート支援事業

各機関で行われている長期入院者に関する取り組みを記入

1-2 基本計画シート

チームで取り組む目標(退院促進に向けて目指すもの，テーマ，コンセプトなど)

ソーシャルネットワーク(エコマップ)

現在	将来 (将来的にどのようなネットワークを形成するか描いてみよう)

時期を見据えた圏域の戦略目標

	近位目標(準備期：〜3か月)	中間目標(実行期：〜6か月)	遠位目標(評価期：〜12か月)
病院	具体的な目標値： □	具体的な目標値： □	具体的な目標値： □
地域	具体的な目標値： □	具体的な目標値： □	具体的な目標値： □
行政	具体的な目標値： □	具体的な目標値： □	具体的な目標値： □

目標達成に向けた具体的実行プラン

	準備期	実行期	評価期
病院	だれが（だれと） （　　　　　　　） なにを □ どうやって □ いつまでに □ する(具体的役割) □	だれが（だれと） （　　　　　　　） なにを □ どうやって □ いつまでに □ する(具体的役割) □	だれが（だれと） （　　　　　　　） なにを □ どうやって □ いつまでに □ する(具体的役割) □
地域	だれが（だれと） （　　　　　　　） なにを □ どうやって □ いつまでに □ する(具体的役割) □	だれが（だれと） （　　　　　　　） なにを □ どうやって □ いつまでに □ する(具体的役割) □	だれが（だれと） （　　　　　　　） なにを □ どうやって □ いつまでに □ する(具体的役割) □
行政	だれが（だれと） （　　　　　　　） なにを □ どうやって □ いつまでに □ する(具体的役割) □	だれが（だれと） （　　　　　　　） なにを □ どうやって □ いつまでに □ する(具体的役割) □	だれが（だれと） （　　　　　　　） なにを □ どうやって □ いつまでに □ する(具体的役割) □

まずは…(ファーストアクション)

基本計画シートの記入例

（市区町村名）　　　　　　　　　　　　　　　　　　　　　　　　　　　　　　　　　年　　月　　日

チームで取り組む目標（退院促進に向けて目指すもの，テーマ，コンセプトなど）

長期入院している人の退院を諦めない　　←　チーム目標を記入

ソーシャルネットワーク（エコマップ）

現在　　　　　　　　　　　　　　　　　　　　　　　　　将来

エコマップを記入　　のようなネットワークを形成するか描いてみよう）

時期を見据えた圏域の戦略目標

	近位目標（準備期：〜3か月）	中間目標（実行期：〜6か月）	遠位目標（評価期：〜12か月）
病院	具体的な目標値：全病院の1年以上入院者のリスト作成 □長期入院者，看護，プログラム等の実態調査とリスト作成	具体的な目標値：長期入院に関する研修実施，長期入院者のいる病棟看護職員や医師含め職員5割程度の参加 □地域事業所と院内研修の実施	具体的な目標値：長期入院者退院数の2割増 □退院実績，ケース検討，看護の意識など評価
地域	具体的な目標値：全病院の1年以上入院者のリスト作成 □地域全体で地域移行支援，地域定着支援利用者数の把握	具体的な目標値： □	具体的な目標値： □
行政	具体的な目標値：全病院の1年以上入院者のリスト作成 □圏域の精神保健福祉の実態調査（ニーズ調査）	具体的な目標値：長期入院に関する研修実施，長期入院者のいる病棟看護職員や医師含め職員の参加 □地域移行の実務者研修，圏域医療機関へ説明会実施	具体的な目標値：全病院の1年以上入院者のリスト作成 □圏域の実態評価，病床，長期入院などの状況を評価

目標達成に向けた具体的実行プラン

準備期

全体構想シートのSWOT分析と情報から行政，地域事業所，病院ごとに遠位（1年後），中間（6か月後），近位（3か月後）の準備期，実行期，評価期に分けて具体的な目標値を入れた，達成すべき目標を記入して，実施達成後にボックスへチェックする

病院

だれが（だれと）	だれが（だれと）	だれが（だれと）
○○PSW（　病棟看護師　　）	（　　　　　　　）	（　　　　　　　）

なにを
- □長期入院者のリスト作成

どうやって	どうやって	どうやって
□カルテを参照して	□	□

いつまでに	いつまでに	いつまでに
□20XX年3月頃まで	□	□

する（具体的役割）	する（具体的役割）	
□リストを作成し共有する	□	

地域

だれが（だれと）	だれが（だれと）	
○○相談員（　他事業所相談員　）	（　　　　　　　）	（　　　　　　　）

なにを
- □長期入院者の地域移行支援の状況　□

どうやって	どうやって	
□他事業所から聞き取り	□	

上記の目標を
どうやって達成するのか
「だれが」
「なにを」
「どうやって」
「いつまでに」
「具体的に何をするか」
役割を記入する

いつまでに	いつまでに	
□20XX年3月頃まで	□	□

する（具体的役割）	する（具体的役割）	する（具体的役割）
□リストを作成し共有する	□	□

行政

だれが（だれと）	だれが（だれと）	だれが（だれと）
○○保健師（　市障害福祉課職員　）	（　　　　　　　）	（　　　　　　　）

なにを	なにを	なにを
□社会資源の長期入院者受け入れ状況	□	□

どうやって	どうやって	どうやって
□地域の事業所へアンケート	□	□

いつまでに	いつまでに	いつまでに
□20XX年3月頃まで		

まず最初のアクションを記入，
例えば，仲間集めやオフミーティングなど

する（具体的役割）
- □調査結果をまとめて共有する

まずは…（ファーストアクション）

長期入院者リスト作成の打ち合わせに参加するメンバーで集まる機会をセッティングする

2 地域移行支援情報交換シート

地域生活に向けた支援情報交換シート				
病棟		様	同行者：	
日時　　　年　　月　　日（　）		:	～	:
目的				
行先				

①ご本人と話したこと・様子

②今後の方向性（方針）

③ご自身が思ったこと・感想

次回の予定

日時　　　年　　月　　日（　）		:	～	:
目的				
行先：　病院内で面談　・　ケア会議　・　外出先（　　　　　　　　）				

地域移行支援情報交換シートの記入方法

地域生活に向けた支援情報交換シート

病棟		様	同行者：	
日時	年　　月　　日（　　）		：　　～　　：	
目的				
行先				

①ご本人と話したこと・様子

院内と院外での利用者の思考や感情、行動は変化しやすいため、それぞれの支援時の状況を記入し傾向を把握する

【目的】
・医療・福祉が一貫した段階的な支援を行うために、それぞれの支援状況を記録し、よりスムーズな退院支援が継続的に行われるように、情報を共有する

②今後の方向性（方針）

支援中に本人と決めたこと、今後の予定など

【方法】
・シートはそれぞれの支援後に記入し、FAX か持参で情報交換し、双方で利用者への支援状況が把握でき、次の支援が段階的に行えるようにする
・FAX の場合は個人が特定されないような記述とする

③ご自身が思ったこと・感想

それぞれの支援者の考えや思いを知る

【予測される効果】
・記録として情報交換することで、相互の関わりの内容や経過、その時の思いや問題をいつでも確認できる
・医療スタッフが支援状況をスピーディーに共有できる
・利用者の状態や思いを共通認識でき退院に向けての一貫した段階的な支援が計画できる

次回の予定

日時	年　　月　　日（　　）	：　　～　　：
目的		

行先：　病院内で面談　・　ケア会議　・　外出先（　　　　　　　　）

3 病棟における退院支援計画・経過一覧表

退院支援準備期にある患者を一覧表にして計画や予定を書き込み，
ホワイトボードなどを利用して可視化して情報を共有する

【一覧表の作成】
●担当看護師・PSW・OT が予定を記入する
●病棟管理者が予定を確認する

【凡例】会議：○ ／ 施設見学・体験：● ／ 本通所：□
　　　　生活自己管理：■ ／ 地域連携：◇

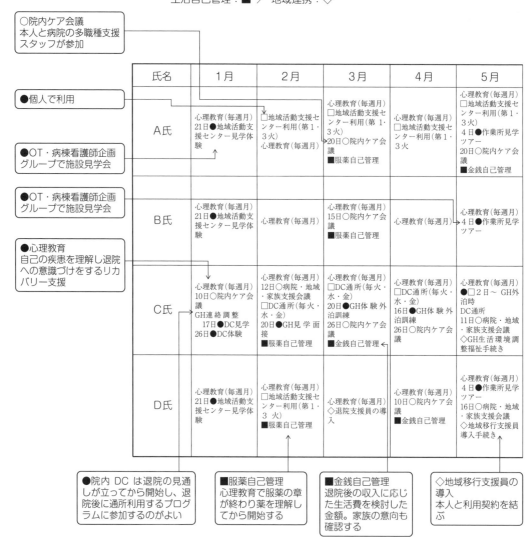

氏名	1月	2月	3月	4月	5月
A氏	心理教育(毎週月) 21日●地域活動支援センター見学体験	□地域活動支援センター利用(第1・3火) 心理教育(毎週月)	心理教育(毎週月) □地域活動支援センター利用(第1・3火) 20日○院内ケア会議 ■服薬自己管理	心理教育(毎週月) □地域活動支援センター利用(第1・3火)	心理教育(毎週月) □地域活動支援センター利用(第1・3火) 4日●作業所見学ツアー 20日○院内ケア会議 ■金銭自己管理
B氏	心理教育(毎週月) 21日●地域活動支援センター見学体験	心理教育(毎週月)	心理教育(毎週月) 15日○院内ケア会議 ■服薬自己管理	心理教育(毎週月)	心理教育(毎週月) 4日●作業所見学ツアー
C氏	心理教育(毎週月) 10日○院内ケア会議 GH連絡調整 17日●DC見学 26日●DC体験	心理教育(毎週月) 12日○病院・地域・家族支援会議 □DC通所(毎火・水・金) 20日●GH見学面接 ■服薬自己管理	心理教育(毎週月) □DC通所(毎火・水・金) 20日●GH体験外泊訓練 26日○院内ケア会議 ■金銭自己管理	心理教育(毎週月) □DC通所(毎火・水・金) 16日●GH体験外泊訓練 26日○院内ケア会議	心理教育(毎週月) ●□2日〜 GH外泊時 DC通所 11日○病院・地域・家族支援会議 ◇GH生活環境調整福祉手続き
D氏	心理教育(毎週月) 21日●地域活動支援センター見学体験	心理教育(毎週月) □地域活動支援センター利用(第1・3火) ■服薬自己管理	心理教育(毎週月) ◇退院支援員の導入	心理教育(毎週月) 10日○院内ケア会議 ■金銭自己管理	心理教育(毎週月) 4日●作業所見学ツアー 16日○病院・地域・家族支援会議 ◇地域移行支援員導入手続き

○院内ケア会議
本人と病院の多職種支援スタッフが参加

●個人で利用

●OT・病棟看護師企画グループで施設見学会

●OT・病棟看護師企画グループで施設見学会

●心理教育
自己の疾患を理解し退院への意識づけをするリカバリー支援

●院内 DC は退院の見通しが立ってから開始し、退院後に通所利用するプログラムに参加するのがよい

■服薬自己管理
心理教育で服薬の章が終わり薬を理解してから開始する

■金銭自己管理
退院後の収入に応じた生活費を検討した金額。家族の意向も確認する

◇地域移行支援員の導入
本人と利用契約を結ぶ

【ポイント】
・心理教育で自己理解し、退院に向かう意欲やリカバリーしていく力を身につける
・ケア会議で本人の希望と現状をすり合わせながら、退院の目標を設定する
・それぞれの退院後の生活を見据えた生活の自己管理をおこなっていく
・それぞれの取り組み（練習や体験）の結果を評価し段階的に進めていく
・それぞれに応じた個別支援は看護計画に立案し、患者の意識や行動の変化時に適宜評価し修正していく
・地域移行支援担当者と地域移行支援情報交換シートを用いて患者の情報を共有し、連携して退院支援をおこなう ←

◇地域移行支援情報交換シート
医療・福祉が一貫した段階的な支援を行うために、病棟の様子や同伴外出の様子など支援状況を記録し、情報を共有する

○病院・地域・家族支援会議
本人と家族・病院スタッフ・地域支援スタッフが参加

6月	7月	8月	9月	10月	11月	12月
心理教育（毎週月）□地域活動支援センター利用（第1・3火）8日○院内ケア会議	心理教育（毎週月）□地域活動支援センター利用（第1・3火）5日●病院・地域支援会議、○家族調整、○GH連絡調整	心理教育（毎週月）□地域活動支援センター利用（第1・3火）4日●DC見学 15日●GH見学面接	心理教育（毎週月）□地域活動支援センター利用（第1・3火）●DC体験（毎水・金）11日●病院・地域・家族支援会議 20日●GH体験外泊	心理教育（毎週月）□地域活動支援センター利用（第1・3火）□DC通所（毎水・金）●GH外泊時□DC通所	心理教育（毎週月）□地域活動支援センター利用（第1・3火）□DC通所（毎水・金）→GH生活環境調整福祉手続き←	心理教育（毎週月）□地域活動支援センター利用（第1・3火）□外泊訓練（DC通所）市役所など手続き 16日退院！
心理教育（毎週月）20日○病院・福祉支援会議、○家族調整	心理教育（毎週月）2日●作業所面接■金銭自己管理	心理教育（毎週月）●作業所体験（毎月・金）	心理教育（毎週月）□作業所通所（毎月・金）11日●作業所会議 25日●病院・地域支援会議、○家族調整	心理教育（毎週月）□作業所通所（毎月・金）	心理教育（毎週月）□作業所通所（毎月・金）5日○院内ケア会議	心理教育（毎週月）□作業所通所（毎月・金）○家族調整
心理教育（毎週月）●□外泊訓練（DC通所）◇市役所など手続き 10日退院！	●通所日に合わせた外泊		●退院後の生活環境調整 部屋サイズに合った家具・電化製品・日用品の検討と購入		●自立支援医療の手続きなど	
心理教育（毎週月）21日○作業所面接◇地域移行支援員導入面接	心理教育（毎週月）11日●作業所体験、□通所（毎月・木・金）20日○院内ケア会議◇地域移行支援員同伴外出	心理教育（毎週月）□作業所通所（毎月・木・金）16日●病院・地域・家族支援会議 25日○作業所会議◇地域移行支援員同伴外出	心理教育（毎週月）□作業所通所（毎月・木・金）2日～●ウィークリーマンション外泊、□作業所通所、◇地域移行支援員同伴外出 20日○院内ケア会	心理教育（毎週月）□作業所通所（毎月・木・金）16日●病院・地域・家族支援会議 27日アパート探し◇地域移行支援員同伴外出	心理教育（毎週月）□作業所通所（毎月・木・金）20日アパート契約●23日～アパート外泊時作業所通所退院後の生活環境調整◇福祉手続き◇地域移行支援員同伴外出	心理教育（毎週月）□作業所通所（毎月・木）◇●2日～アパート外泊市役所手続き電気ガスなど手続き日用品購入◇地域移行支援員同伴外出

◇地域移行支援員との関係性をつくる

◇地域移行支援員との同伴外出（月1～2回）退院支援の経過の中で外出部分は、地域移行支援員と協働でおこなう

●退院先が単身アパートの場合、ウィークリーマンションなどを利用して生活体験をする

◇福祉手続きなど 自立支援医療他、市役所の手続きなどは地域移行支援員、生活に関しては病院スタッフなど連携して支援する

退院調整 単身生活のため、退院は年明けの1月に調整する

4　用語解説

【　】の用語は本書における用法を示す。

CBT（Cognitive behavioral therapy：認知行動療法）（86頁）

　CBTは，その人の物事の受け止め方や考え方（認知）を変えることで，気分や行動の変化を促す治療法の一つ。考え方のバランスを取ってストレスに上手に対応できるこころの状態をつくり，認知の偏りを実生活でも活かせるようにうまく対処行動がとれるようにするもの。

IMR（Illness Management and Recovery：疾病管理とリカバリー）（86頁）

　その人のリカバリー目標の実現に向かって，複数の支援方法を組み合わせ，自分で疾病管理ができるように支援するパッケージ化されたプログラム。

SST（Social Skill Training：社会生活技能訓練）（35頁）

　社会生活上困難を抱える状況の総体を「ソーシャルスキル」と呼ばれるコミュニケーション技術の側面からとらえ，そのような技術を向上させることによって，困難を解決しようとする心理社会的療法の技法の一つ。

SWOT分析（126頁）

　プロジェクトが目標を達成するために内部環境と外部環境を，強み（S：Strength），弱み（W：Weakness），機会（O：Opportunity），脅威（T：Threat）の4つに分類した要素を抽出し，組織や自己の置かれた環境を分析することで問題解決策を探る方法の一つ。本書では，Oを「促進機会」，Tを「障壁」として活用している。

WRAP（Wellness Recovery Action Plan：元気回復行動プラン）（86頁）

　毎日を元気に過ごすため，気分がすぐれないときに元気になるための方法や，状態が悪くなる自分のサイン（注意サイン）を書き出し，困難な状態に陥らないように，その対策を一人，あるいは仲間と協力しながら，自分自身の行動プランをつくるプログラム。

医学モデル（34頁）

　障害を疾病や外傷等から生じた個人の問題として捉え，専門職による個別の医療的介入をおこなうことで，治療・改善・問題解決を図る考え方。

医療保護入院（9頁注）

　精神保健福祉法第33条に規定された強制入院形態。本人の同意を得ることがなくても，家族等の同意によりおこなわれる。

医療保護入院者退院支援委員会（67頁）

　医療保護入院者の退院促進を目的として，精神科病院内に設置され，医療保護入院の必要性を審議し，推定される入院期間を定めていく。医療保護入院者の主治医，看護師，退院後生活環境相談員の他，医療保護入院者本人やその家族も出席する（「医療保護入院者の退院促進に関する措置について」（通知），障発0124第2号，平成26年1月24日）。

【エリア】（3頁）

　「チーム」が一人の利用者に対して支援をおこなう地域の範囲のこと。入院中の病院，体験利用をおこなう社会資源の所在地や生活保護実施主体の自治体，退院先住所地などを含んだ支援体制が組まれている範囲をさす。そのため，利用者ごとにエリアは異なる。

エンパワメント（33頁）

　自らが社会で置かれている否定的，抑圧的な環境を認識し，パワーレスな状態にあることを自覚

したうえで，自らが持つ能力に気づき，問題に対処するため自分の力を発揮できるようにしていくこと。

介護給付（2頁注）

在宅や施設での生活において，日常生活の支援（介助や身の回りの世話など）を必要とする障害者に対して支給される。①居宅介護，②重度訪問介護，③同行援護，④行動援護，⑤療養介護，⑥生活介護，⑦短期入所，⑧重度障害者等包括支援，⑨施設入所支援などが対象である（障害者総合支援法第28条）。

科学的根拠に基づく実践（Evidence-Based Practice：EBP）（1頁）

利用者に対しておこなわれる支援について，効果があると科学的に証明されている実践プログラムのこと。

協議会（自立支援協議会）（16頁）

協議会は，市区町村と都道府県にそれぞれ設置される。地域の障害者支援体制をつくる際の中核となるべきものである会議体。地域移行支援部会や就労支援部会などの専門部会がある。障害者総合支援法において，「自立支援協議会」が「協議会」に名称変更されたが，自治体によっては，名称変更がおこなわれていないため，協議会と自立支援協議会の両方の名称が今も使われている（障害者総合支援法第83条の3）。

【行政担当者，行政】（66頁）

本書においては，精神保健福祉行政にかかわる市区町村の障害福祉課，保健所，精神保健福祉センター，福祉事務所の生活保護などの担当者をさす。

【協働支援チーム】（45頁）

医療機関，地域事業所の多職種のメンバーが組織の枠を越えて連携し，理念や方向性を共有しながら支援をおこなう。形成期や発展期では，行政機関が協働支援チームに参加することが望まれる。協働支援チームでは，個別にかかわってきたケースの共有や定期的な情報交換がおこなわれ，連携が継続されている。また，支援においては，一定の質が担保される必要がある。

居住入居等支援事業（居住サポート事業）（88頁）

市町村が実施主体となり，保証人がいないことなどの理由で賃貸契約の一般入居が困難な障害者に対して，入居の調整や家主等への相談等をおこなうことで，障害者の地域生活支援をおこなう事業。地域においては，都道府県や市区町村に設置される居住支援協議会が活動を始めていて，居住支援のネットワークは広がっている。

クライシスプラン（86頁）

病状の悪化の傾向やその時の対応方法を本人や支援者が把握することで，早めの対応が可能になる。こうした危機（クライシス）に対応するため，本人の合意に基づいた支援計画を事前に作成し，関係機関と共有する。

クリニカルパス（73頁）

入院時から退院時期を見越して，逆算しておこなうべき治療・検査・リハビリテーション等を計画的に実施することを明らかにした，入院中の診療計画工程表のこと。

グループホーム（共同生活援助）（24頁）

障害者に主に夜間，共同生活をおこなう場で相談や生活に関する介助などサービスを提供すること（障害者総合支援法第5条第15項）。

訓練等給付（2頁注）

障害者が地域で生活するために提供される訓練的な支援であり，期間が定められているものもある。①自立訓練，②就労移行支援，③就労継続支援，④就労定着支援，⑤自立生活援助，⑥共同生活援助などがある（障害者総合支援法第28条第2項）。

【ケア会議】（47頁）

対象となる精神障害者が参加し，複数の機関の

関係者が個別の支援方針を決める会議のこと。

【計画策定会議】（50頁）

　精神保健福祉に関する課題を現場（医療機関や地域事業所）から自治体等の福祉計画や福祉活動計画の策定に提言することを目的に実施される会議。

計画相談支援（2頁注）

　障害者が障害者総合支援法のサービスを利用する際に，利用するサービス内容を定めたサービス等利用計画を作成したり，実際にサービスを提供していくなかで，作成された計画の見直しなどをおこなうこと。相談支援専門員が作成する（障害者総合支援法第5条第16項）。

ケースマネジメント（68頁）

　精神障害者が地域で暮らしていくために，さまざまな種類の支援を組み合わせて，一つのパッケージとして提供すること。「さまざまな支援を組み合わせる」とは，領域や職種にこだわらないこと，また専門職だけではなく家族や地域住民なども精神障害者を支えていくことになるため，地域のコミュニティづくりも合わせておこなわれていく。

【ケースマネジャー】（48頁）

　本書では，サポーターのなかでとくに中心的な役割を担う者をさす。支援計画を作成し，チームを組織して包括的な支援ができるようにケースマネジメントをおこなう。本プログラムにおいては，入院中から退院後まで途切れなく支援していくために，病院・地域どちらにもこの役割を担うものがいることが望ましい。機関同士のチームの調整をおこなうコーディネーターが兼ねることもある。

【効果モデル】（30頁）

　厚生労働省などが定めた制度モデルと異なり，実践を通して効果的と考えられる支援のエッセンス（効果的支援要素）を組み合わせて，実際に効果をあげているモデルのこと。

【コーディネーター】（37頁）

　地域事業所・病院で組織されたチーム内や行政との調整をおこなう者。本プログラムでは地域事業所・病院双方に配置され，各機関内でプログラムの周知をおこなうなどの活動も行い，チームが円滑に支援をおこなえるようにする役割を担っている。

個別給付（19頁）

　国庫補助事業で実施されてきた地域移行支援は，障害者総合支援法の地域相談支援給付の地域移行支援・地域定着支援として実施されることになった。サービスを利用するために市区町村の窓口で申請をおこない，個別に支給決定（個別給付化）がおこなわれることになった（障害者総合支援法第51条の5）。

【サポーター】（47頁）

　本人の退院や退院後の生活を直接支援する人の総称。専門職によるフォーマルな支援だけではなく，インフォーマルな支援をおこなうものも含まれる。当事者で支援にかかわる者はピアサポーターという。精神保健福祉士，医師，看護師，作業療法士，保健師，公認心理師，相談支援専門員（ケアマネジャー），ケースワーカー，ピアサポーターやピアスタッフ，精神保健ボランティア，家族などが含まれる。

【支援の核】（45頁）

　精神科病院と地域事業所に所属するそれぞれの職員が協働して退院支援をおこなうための基盤となるペア。それぞれの所属機関のみで退院支援をおこなう状態から，個別支援を通じて形成される。

【社会プログラム（プログラム）】（30頁）

　社会問題の解決をめざすためにおこなわれている取り組み，社会事業などのこと。

就労継続支援事業所（2頁注）

　一般雇用されることが難しい障害者に，就労の機会を提供し，生産活動や社会活動を促すことを

目的とした事業所。A型は事業所と障害者が雇用契約を結ぶため，最低賃金が報酬として支払われる。一方，B型は事業所と障害者が雇用契約を結ばず，工賃を得ながら利用する（就労継続支援：障害者総合支援法第5条第14項）。

自立訓練（生活訓練）（2頁注）

障害者に，掃除や洗濯，買い物など家事全般や金銭管理など日常生活に必要な訓練を提供する。また，生活に必要な相談や助言もおこなわれる。通所型と宿泊型がある。標準期間は2年間（長期入院等の場合は3年間）である（障害者総合支援法第5条第12項。標準時間は，障害者の日常生活及び社会生活を総合的に支援するための法律施行規則第6条の6に基づいている）。

自立生活援助（2頁注）

精神科病院やグループホーム等から地域での一人暮らしに移行したものの，理解力や生活力等に不安がある者に対して，一定の期間（原則1年間），事業所から定期的な居宅訪問等をおこない，利用者の日常生活の課題を把握して，情報の提供や助言，関係機関との連絡調整等をおこなうこと。

心理教育（86頁）

正しい知識や情報を心理面への十分な配慮をしながら伝え，病気や障害の結果もたらされる問題や困難に対処する方法を習得してもらうことによって，主体的な療養生活を営むことができるよう援助する方法。

スーパービジョン（71頁）

主に経験が浅い支援者（スーパーバイジー）に対し，経験を重ねた指導者（スーパーバイザー）がスーパーバイジーの事例などに対し，支援方法の指導をおこなうこと。個人，グループどちらも対象になる。

ストレングス（83頁）

本人が持つ強みのこと。ストレングスモデルによる支援では，目標や夢，能力，自信などの個人の強みと，社会資源や機会が提供されるような環境面に着目する。精神障害者の持っている能力などに働きかけることで，生活の質を高め，課題に対する自己対処能力は向上していく。また，環境面では，福祉に限定せずに，地域にある様々な資源を活用していくことで，地域に精神障害者が統合されていくことを促すことにつながっていく側面を持つ。

生活保護精神障害者退院促進事業（114頁）

生活保護の自立支援プログラム（セーフティネット支援対策等事業費補助金）に規定されている事業で，精神障害がある入院中の生活保護受給者に対し，福祉事務所が住居や退院後の生活に関する相談，情報提供等の地域移行支援をおこなうもの。

生活モデル（34頁）

障害を個人に帰属する問題とは考えず，社会の中で生活する一市民として生活全般をとらえ，人と生活環境のズレや不適合を起こしている接点に焦点をあてて介入・調整・支援を行う考え方。対照的なのは，医学モデル。

精神保健ボランティア（69頁）

精神障害者と交流し，生活上のサポートや居場所づくりなどを一市民の立場からおこなうもので，精神障害者も市民であることを意識し，相互に関係をつくっていくことが可能になる。市民である両者が協働し，精神障害者が住みやすい地域づくりに活動が発展していくことも期待されている。

セルフモニタリングシート（81頁）

利用者が自分で退院までの目標や課題の達成度を確認できるシート。食事，金銭，服薬，掃除，買い物，試験外泊，公共交通機関の利用等の状況を含む。

相談支援事業者（所）（20頁）

障害者からの相談支援をおこなう事業所で，計画相談支援と基本相談支援（障害者の相談全般）

をおこなう指定特定相談支援事業所者（所）と，地域相談支援（地域移行・地域定着支援）と基本相談支援を行う指定一般相談支援事業者（所）がある。本書では，相談支援事業所と統一して表記している（障害者総合支援法第51条第19項，第20項）。

相談支援専門員（97頁）

障害者が自立した日常生活や社会生活を送ることができるよう，障害福祉サービスなどの利用計画の作成や地域生活への移行・定着に向けた支援など障害者に関する全般的な相談支援を行う。一定の実務経験や研修が求められる。

地域移行支援（112頁）

精神科病院に入院している精神障害者（原則は，1年以上の入院者で市区町村が認めるもの）の地域に移行するための支援が必要なときに相談やサービス提供をおこなうこと。地域移行の際の支援には，住まいの確保や日中活動の参加の調整，緊急時の支援体制の確保などが含まれる。地域相談支援のうちの一つ（障害者総合支援法第5条第16項）。

【地域生活支援】（32頁）

本人が望む地域で精神障害者が希望した生活をすることが可能になるように専門職による多職種連携や家族や知人，地域住民などの協力を得ながら支援していくこと。地域に活用できる社会資源の場を設けるだけでなく，訪問（アウトリーチ）による支援も重要である。

地域相談支援（19頁）

地域移行支援と地域定着支援をまとめて，地域相談支援という。地域相談支援給付費によりおこなわれる（障害者総合支援法第5条第16項）。

地域定着支援（19頁）

地域で生活する精神障害者に対し，連絡体制を確保し，緊急時の対応を可能にするほか，相談やその他サービスを提供すること。地域相談支援の

一つ（障害者総合支援法第5条第16項）。

地域連携パス（32頁）

治療やリハビリテーション，支援の過程を時系列で示すとともに，その間にそれぞれの機関がおこなうこと等を一覧にして，計画的に緊密な連携を図るための工程表。病院内ではクリパス（クリティカルパスもしくはクリニカルパス）と呼ばれる。

【チーム】（35頁）

一人の利用者を支援するために，病院多部署，地域事業所，行政担当者等によって組まれた体制のこと。開拓期や萌芽期では，組織内でのみ運営されていることもある。

【チーム会議】（49頁）

一人の利用者を支援しているスタッフ（チーム）による会議。所属している組織内のスタッフだけで開催されることもあるが，他の組織のスタッフがチームを越えて参加することが望ましい。

【統合型プログラム】（33頁）

精神科病院，地域事業所，行政等の多機関がチームを組み，協働しながら実践する効果的なプログラムモデルのこと。

統合モデル（34頁）

従来の医学モデル・生活モデル・社会モデル等に偏らず，多職種の専門的知見を加味した複眼的思考で考えるモデル。

任意入院（10頁）

精神保健福祉法第20条に規定されている，本人の同意に基づいてなされる入院。

ピアサポート（19頁）

同じ精神疾患の問題や環境を体験する人が，対等な関係性の仲間で支え合うこと。地域活動支援センターなどの活動の一環として正式におこなうものや，グループ名をもち組織化しておこなわれている活動。入院中の患者と一緒に外出したり，病院や地域での交流会で，地域での生活や問題の

乗り越え方などを紹介するなどしている。組織的・定期的に活動をしていない人たちが入退院など同じ経験をした当事者として活動することもある。ピアスタッフのように雇用契約を結ばずに，こうしたピアサポートをおこなう人を【ピアサポーター】という。

ピアスタッフ（31頁）

精神疾患・精神障害の経験を持つ人が賃金を受ける雇用契約を医療機関や地域事業所と結び，他のスタッフと対等にチームの一員として責任のある役割を担う。当事者ならではの経験と知恵を生かしたアプローチを主体的におこなう人。

【評価ファシリテーター】（2頁）

プログラム評価を現場で実際に活用するために，プログラム実践の効果を精神科病院，地域事業所，行政等の担当者と一緒に振り返る機会をつくり，評価結果の活用方法などを現場実践家とともに考える役割を持つ評価担当者のこと。現場で実践をおこなっている人たちが評価ファシリテーターの役割を担う場合，【実践家評価ファシリテーター】とする。

プレイングマネジャー（48頁）

チーム全体の動きを調整・進捗管理しながら，自らも個別の事例を担当して，ケースマネジメントを進める人。

プログラムゴール（34頁）

プログラムが実施されることで望まれる効果を具体的に示すこと。本プログラムでは，「質の高い，自立（自律）的な地域生活の実現，生活満足度の向上」をゴールとしている。

プログラム評価理論（30頁）

社会プログラムがどのように効果をもたらすのか，どのような要素が効果に影響するかについて見通しを持って説明したもの。

ホームヘルプ（居宅介護）（37頁）

障害者の居宅において，掃除や洗濯，買い物など主に家事のサービスをおこなうこと（障害者総合支援法第5条第2項）。

【ミクロ・メゾ・マクロ】（64頁）

社会福祉の領域では，マクロは制度や政策という社会システム，メゾは地域社会のような集団，ミクロは個人や家族を対象のレベルをさす。本書では，マクロは自治体を主とした施策のレベル，メゾは医療機関や地域事業所など組織（体制）レベル，ミクロは個別支援のレベルをさしている。

【モチベーションサポート】（20頁）

利用者の退院意欲を高めたり，地域生活を前向きに考えてもらうなど，気持ちを維持できるように働きかけのこと。従来は「動機づけ」と呼ばれていた。具体的な支援方法の一つは，支援者が退院に対する不安に寄り添い，地域生活に興味を持ってもらえる機会を設けること。

リカバリー（33頁）

精神疾患の知識や精神症状の対処法を身につけることで自信や自尊心を持ち自分らしさを取り戻し，新たな人生の希望や目標に向かって責任を持って歩んでいくこと。個々の人生は多様であることから，リカバリーは人それぞれ異なる。

【連絡調整会議】（50頁）

チームや協働支援チームが支援を円滑に展開するための会議体。医療機関，地域事業所，行政機関のサポーター等が参加し，各組織の状況や課題などを共有し，目標・理念・方向性が設定される。退院促進の対象者が未定であっても定期的に開催される。

おわりに

　人間が多様な価値を有する社会的存在である以上，社会を構成する制度は不可欠です。しかし，制度は一度できてしまうと，関係する人々の思考力を奪います。すべて制度に沿った組み立てで考えられ，人間を制度に当てはめる思考に傾きがちです。人々の生活の安寧のためにつくられた制度が，人を排除する閉じた秩序を生み出します。

　かつては，精神障害者と呼ばれる人々は，精神科病院に隔離収容することが法制度で定められていました。制度は国民の意識を形成し，精神疾患を持つ人は精神科病院に入院しているのがあたりまえになってしまいました。日本の制度が，長期社会的入院者を多数生み出しました。

　呉秀三が「この国に生まれたるの不幸を重ぬるものというべし」という嘆きの言葉を残したのは，もう 100 年以上前のことですが，今も何も変わっていません。私たちは，この国の法律と制度がつくり出してきた現実と人々の意識を，なんとか少しでも変えられないかと考えています。

＊　　　＊　　　＊

　本書のもとになった取り組みは，2007 年にスタートしました。国が「精神障害者退院促進事業」を全国で開始した 2006 年の翌年です。大島巌教授を代表とする日本社会事業大学の学内共同研究班「退院促進研究班」（通称「タイソク研究会」）が発足し，東京都内で地域移行のモデル事業を展開されていた社会福祉法人巣立ち会（田尾有樹子理事長）の取り組みをベースに，効果的なプログラムモデル構築にかかわる実証的研究を開始しました。

　平成 19 年度厚生労働省障害者保健福祉推進事業の障害者自立支援調査研究プロジェクトとして，当時の全国の退院促進支援事業の実施主体（104 か所）のなかから対象者数・退院率・再入院率・フィデリティ得点などから総合的に成果が上がっているところを 20 か所抽出して，2007 年に訪問ヒアリング調査を展開し，それぞれの取り組みのストレングスと課題を明らかにしました（田尾ほか 2008）。

　その後，文部科学省科学研究費補助金を受けて，効果的と考えられる支援プログラム要素を抽出し，全国の事業所への訪問調査を繰り返してきました。2008 年 9 月から 2011 年 2 月にかけては計 5 回の意見交換会をおこない，のべ 51 事業所 76 名の地域移行支援スタッフに参集いただき，「暫定版効果モデル」の形成的評価をおこないました（大島ほか 2009,2012a，2012b 等）。

　その後も 2012 年度からの個別給付化による制度変更に呼応して，精神科病院と地域事業所の連携協働を軸とした効果モデルの再構築に向けたプロジェクトを開始しました。訪問調査・ワークショップ・意見交換会を繰り返し，「効果的援助要素」や「フィデリティ評価尺度」の検討と検証を進め，「提案モデル」を提示するに至りました（大島ほか 2014）。2014 年度からは，公益財団法人みずほ福祉助成財団の研究助成をいただき，現状を把握するための全国各地への訪問調査を実現することができました（古屋・中越ほか 2018）。

　2012 年度に大島教授が学長に就任したこともあり，2015 年度からは古屋が研究代表となり文部科学省科学研究費補助金を得て新たな研究プロジェクトを開始しました。17 圏域 42 機関（精神科病院 20，地域事業所 20，行政等 2）の協力を得て，地域事業所と病院のペアチームによる支援体制や「効果的援助要素」の実施度をモニタリングし，新たな要素が書き加えられていきました。「病院・地域統合モデル」構築のために，圏域ごとの地域特性を踏まえた事業の展開方法を模索し，圏域チームの組織化に向けた戦略ガイドラインに基づく効果モデルを追求してきました（古屋・大島ほか 2018）。

　「病院・地域統合モデル」検討の最終段階（2018 年 3 月）では 15 圏域 33 機関（17 病院 16 事業所）にご協力をいただきましたが，そのなかから 14 名の方々に，本書にコラムを執筆していただきました。これまでのご厚情と長年にわたるご協力に，心より感謝申し上げます。

＊　　　＊　　　＊

　これまでの研究プロジェクトの成果は，「タイソク研究会」のメンバーが各学会で一般演題報告をおこなうとともに（道明ほか 2011，贄川ほか 2011，古屋ほか 2011，瀧本ほか 2011，高野ほか 2017 等），第 57 回〜第 61 回日本病院・地域精神医学会総会（2014 年〜2018 年開催）の交流コーナーの場をお借りして，報告と意見交換を 5 年間連続しておこないました（古屋ほか 2019）。このコーナーにご参加いただいた方々は，計 5 回でのべ 180 名を超えており，熱心なご参加と真摯な実践姿勢に改めて敬意を表したいと思います。

　また，古屋が勤務する専門職大学院のリカレント講座でも，2008 年以降毎年一貫して「地域移行支援」のテーマを掲げて，タイソク研究会のメンバーらに報告をしていただきました。12 年間にわたり，参集していただいた実践者の皆さんに感謝申し上げます。

　14 年間の取り組みを累計で示すと，意見交換会・ワークショップ・講座等は 30 回近く開催されました。すべての参加者数を足すと，のべ 1000 名以上の方々に参加していただいたことになります。研究プロジェクトの調査協力施設は，年度によって少しずつ異なりますが，北は北海道から南は沖縄まで，100 近くの機関の協力を得ておこなってきました。ほぼ月 1 回のペースで継続してきた「タイソク研究会」は計 200 回近く開催されました。

　多くの人の経験と知恵と熱意が，この本には詰まっています。プログラム評価は，アッ

プデートを繰り返してよりよい効果的プログラムをめざす形成評価を繰り返していきます。その意味では「終わり」はありません。本書の出版を契機に，さらに多くの方々の経験と知恵と熱意を集積しながら，各現場の創意工夫をこらしてカスタマイズしていただければ幸いです。この国から，不適切な長期社会的入院者と呼ばれる方がいなくなるまで，実践現場と往還しながらタイソクの探求は続きます。

＊　　　＊　　　＊

　本書の刊行については，諸々の事情により当初の刊行目標より１年半以上遅れてしまいました。早々にコラム原稿をお寄せいただいた皆様には，本当に申し訳ないことをいたしました。筆者らの遅筆もありますが，最終段階かと思われた2020年初頭，新型コロナウィルス感染症の拡大により，作業が完全にストップしてしまったことが理由として挙げられます。未曽有の事態に放り込まれた世界で，本書を世に出す意義を理解して下さり，最後まで諦めずに緻密な編集作業を担い出版にこぎつけていただいた，ミネルヴァ書房営業部の神谷透さん，編集部の深井大輔さんに感謝申し上げます。

　コロナ禍の中でも各地の実践者により熱心に取り組まれている，長期入院している方々の地域移行・退院支援に敬意を表し，この本が少しでもお役に立てればと願っています。

古屋龍太

引用・参考文献

引用文献

朝野英子・栄セツコ・清水由香（2011）「精神科長期入院者の退院に関する要因の文献的検討」『生活科学研究誌』9：95-106.

道明章乃・大島巌（2011）「精神障害者退院促進プログラムの効果モデル形成に向けた『効果的援助要素』の検討——全国18事業所における1年間の試行的介入調査研究の結果から」『社会福祉学』52(2)；107-120.

道明章乃・大島巌・贄川信幸ほか（2011）「効果のあがる精神障害者退院促進支援プログラムモデル構築に向けた実証的アプローチ（その1）——事例調査・プログラム理論を用いた効果モデル構築への取り組み」『病院・地域精神医学』54(1)；75-76.

古屋龍太（2010）「退院・地域移行支援の現在・過去・未来——長期入院患者の地域移行はいかにして可能か」『精神医療』（第4次）(57)；8-22.

古屋龍太（2012）『日本社会事業大学専門社会福祉士講座10　長期在院精神障害者の退院・地域移行支援——病院と地域の実践から』社会保険研究所.

古屋龍太（2015a）『精神科病院脱施設化論——長期在院患者の歴史と現況，地域移行支援の理念と課題』批評社.

古屋龍太（2015b）『精神障害者の地域移行支援——退院環境調整ガイドラインと病院・地域統合型包括的連携クリニカルパス』中央法規.

古屋龍太（2017）「長期在院患者の退院・地域移行を推し進めるミクロ・メゾ戦略——効果的支援のプログラム要素と連携クリニカルパスの結合による地域移行支援方策の提起」『病院・地域精神医学』59(2)；186-189.

古屋龍太・岡崎伸郎編（2015）「特集：精神科病棟転換型居住系施設の争点——脱施設化か，再施設化か？」『精神医療』（第4次）(77)；2-97.

古屋龍太・岩尾俊一郎編（2011）「特集：精神科クリティカルパス論」『精神医療』（第4次）(62)；1-94.

古屋龍太・中越章乃（2014）「精神障害者の地域移行支援場面における個別給付化の影響と変化——2012年度実施事業所への訪問聴き取り調査を通して」『病院・地域精神医学』57(1)；92-95.

古屋龍太・中越章乃・高野悟史ほか（2015）「効果的な精神障害者地域移行・地域定着支援プログラム再構築に向けた全国プログラム評価調査」効果のあがる退院促進・地域定着支援プログラムのあり方研究会，みずほ福祉財団研究助成金.

古屋龍太・大島巌・贄川信幸ほか（2011）「効果のあがる精神障害者退院促進支援プログラムモデル構築に向けた実証的アプローチ（その3）——効果モデル実施状況に関する全国事業所調査の概要」『病院・地域精神医学』54(2)；200-202.

古屋龍太・大島巌・中越章乃ほか（2018）『精神障害者の地域移行を促進する多職種連携によるクラウドシステムの構築と活用：効果のあがる病院・地域統合型退院促進・地域定着支援プログラム実施マニュアル＆ガイドライン』文部科学省平成27年度科学研究費補助金基盤研究（C），効果のあがる退院促進・地域定着支援プログラムのあり方研究会.

古屋龍太・高野悟史・中越章乃ほか（2019）「長期入院患者の退院促進・地域定着支援のための戦略ガイドラインの試行——病院・地域統合型支援マニュアルをベースとした圏域体制構築の試み」『病院・地域精神医学』61(2)；152-154.

萩原浩史（2019）『詳論相談支援——その基本構造と形成過程・精神障害を中心に』生活書院.

蓮井亜矢（2003）「精神医療委員会の討論から浮かび上がったこと」『精神保健福祉』34(1)；17-22.

印南一路（2009）『「社会的入院」の研究——高齢者医療最大の病理にいかに対処すべきか』東洋経済新聞社.

猪俣好正（1985）「慢性分裂病と施設症」遠藤康編『慢性分裂病と病院医療』悠久書房，44-68.

小船伊純・古屋龍太（2018）「地域移行支援において市町村が担うべきこと——埼玉県市町村を対象としたアンケート・インタビュー調査から」『病院・地域精神医学』60(2)；55-58.

国立研究開発法人国立精神・神経医療研究センター「精神保健福祉資料」https://www.ncnp.go.jp/nimh/keikaku/data/（2020年10月7日閲覧）.

これからの精神保健医療福祉のあり方に関する検討会「これからの精神保健医療福祉のあり方に関する検討会　報告書」http://www.mhlw.go.jp/file/05-Shingikai-12201000-Shakaiengokyokushougaihokenfukushibu-Kikakuka/0000152026.pdf（2020年10月7日閲覧）.

厚生労働省ホームページ「統計情報4．障害福祉サービス等の利用状況について」https://www.mhlw.go.jp/stf/seisakunitsuite/bunya/hukushi_kaigo/shougaishahukushi/toukei/index.html（2020年10月7日閲覧）.

松本すみ子（2003）「『社会的入院』の歴史的背景と求められるPSWの視点」『精神保健福祉』34(1)；11-15.

中越章乃・大島巌・古屋龍太ほか（2015）「実践現場との協働により形成評価をおこなうプログラム——精神障害者退院促進・地域定着支援プログラム」『ソーシャルワーク研究』40(4)；17-22.

中越章乃（2016）「精神科入院患者に対する地域移行支援の課題——個別給付化による影響」『ヒューマンサービス研究』6；77-84.

贄川信幸・大島巌・道明章乃ほか（2011）「効果のあがる精神障害者退院促進支援プログラムモデル構築に向けた実証的アプローチ（その2）——効果モデルのフィデリティ尺度の開発と関連要因」『病院・地域精神医学』54(1)；76-78.

小川武美（2018）「精神障害者地域移行支援の促進に向けて——千葉県全圏域の調査を通して」『病院・地域精神医学』60(2)；137-139.

大島巌・猪俣好正・樋田精一ほか（1991）「長期入院精神障害者の退院可能性と，退院に必要な社会資源およびその数の推計——全国の精神科医療施設4万床を対象とした調査から」『精神神経学雑誌』93(7)；582-602.

大島巌・古屋龍太・道明章乃ほか（2009）『効果のあがる精神障害者退院促進支援プログラム実施のあり方に関する研究報告書——プログラム評価の方法論を用いた実施マニュアル作り』平成20年度日本社会事業大学学内共同研究報告書，日本社会事業大学.

大島巌・古屋龍太・中越章乃ほか（2011）『精神障害者退院促進・地域定着支援プログラムを効果的プログラムモデルに再構築し発展させるための方策（抜粋版）——プログラム理論・エビデンス・実践間の円環的対話による，効果的福祉実践プログラムモデル形成のための評価アプローチ法（CD-TEP法）からの示唆』平成23年度文部科学省・科学研究費補助金基盤研究（A）EBSC（Evidence-Based Social

Care）プログラム評価法研究班，効果のあがる退院促進・地域定着支援プログラムのあり方研究会.

大島巌・古屋龍太・中越章乃ほか（2012a）「これからの退院促進・地域定着支援をより効果的にするための実践セミナー」記録集報告書（ブックレット）『精神障害者退院促進・地域定着支援プログラムを効果的プログラムモデルに再構築し発展させるための方策（抜粋版）──プログラム理論・エビデンス・実践間の円環的対話による，効果的福祉実践プログラムモデル計成のための評価アプローチ法（CD-TEP法）からの示唆』平成23年度文部科学省・科学研究費補助金基盤研究（A）「実践家参画型福祉プログラム評価の方法論および評価教育法の開発とその有効性の検証」EBSC（Evidence-Based Social Care）プログラム評価法研究班・効果のあがる退院促進・地域定着支援プログラムのあり方研究会.

大島巌・古屋龍太・中越章乃ほか（2012b）『実践家参画型効果的プログラムモデル形成評価：効果的退院促進・地域定着支援プログラム形成評価ツール集』平成23年度文部科学省・科学研究費補助金基盤研究（A）「実践家参画型福祉プログラム評価の方法論および評価教育法の開発とその有効性の検証」実践家参画型効果的プログラム形成評価研究班・効果のあがる退院促進・地域定着支援プログラムのあり方研究会.

大島巌・古屋龍太・贄川信幸ほか（2014）『実践家参画型効果的プログラムモデル形成評価プロジェクト：これでいいの？地域移行！効果をあげる地域移行・地域定着支援プログラム──実践現場から築きあげる効果的モデル形成実施マニュアル』平成25年度文部科学省・科学研究費補助金基盤研究（A）「実践家参画型福祉プログラム評価の方法論および評価教育法の開発とその有効性の検証」実践家参画型効果的プログラム形成評価研究班・効果のあがる退院促進・地域定着支援プログラムのあり方研究会.

大島巌・源由理子・山野則子・贄川信幸・新藤健太・平岡公一編著（2019）『実践家参画型エンパワメント評価の理論と方法──CD-TEP法：協働によるEBP効果モデルの構築』日本評論社.

Rossi, P. H., Lipsey, M. W., and Freeman, H. E.（2004）*Evaluation: A systematic approach*, 7th ed, Sage Publications（＝大島巌・平岡公一・森俊夫ほか訳（2005）『プログラム評価の理論と方法──システマティックな対人サービス・政策評価の実践ガイド』日本評論社）.

杉原努（2019）『精神科長期入院患者の地域生活移行プロセス──作られた「長期入院」から退院意思協同形成へ』明石書店.

高野悟史・中越章乃・瀧本里香ほか（2017）「効果をあげる地域移行・地域定着支援プログラムの再構築──病院・地域実践統合にむけた実践家参加型形成評価プロジェクト」『病院・地域精神医学』59(2)；189-191.

瀧本里香・大島巌・古屋龍太ほか（2011）「効果のあがる精神障害者退院促進支援プログラムモデル構築に向けた実証的アプローチ（その4）──全国都道府県事業モデルの実態把握調査からみた効果モデルの検討」『病院・地域精神医学』54(2)；202-205.

田村綾子（2003）「『社会的入院』の概念とその要因」『精神保健福祉』34(1)；5-9.

田尾有樹子・富田美穂・小林伸匡ほか（2008）『精神障害者退院促進支援事業における効果的なプログラムモデル構築に関する実証的研究』平成19年度厚生労働省障害者保健福祉推進事業障害者自立支援調査研究プロジェクト・平成19年度精神障害者地域移行に関するモデル事業報告書，社会福祉法人巣立ち会.

柳瀬敏夫（2015）「地域移行支援の個別給付化における実態と現場評価」社会福祉法人やおき福祉会.

参考文献：本書の本文中に記載はありませんが，参考とするべき書籍を挙げておきます。

春田淳志・錦織宏（2014）「医療専門職の多職種連携に関する理論について」『医学教育』45(3)；121-134.

池谷秀登（2017）『生活保護ハンドブック——『生活保護手帳』をよみとくために』日本加除出版.

井上新平・安西信雄・池淵恵美（2011）『精神科退院支援ハンドブック——ガイドラインと実践的アプローチ』医学書院.

井上由起子・鶴岡浩樹・宮島渡・村田麻紀子（2019）『現場で役立つ介護・福祉リーダーのためのチームマネジメント』中央法規.

岩上洋一＋全国地域で暮らそうネットワーク『地域で暮らそう！　精神障害者の地域移行支援・地域定着支援・自立生活援助導入ガイド』金剛出版.

松岡千代（2000）「ヘルスケア領域における専門職間連携——ソーシャルワークの視点からの理論的整理」社会福祉学，40(7)；17-38.

野中猛・野中ケアマネジメント研究会『多職種連携の技術——地域生活支援のための理論と実践』中央法規.

岡村正幸（1999）『戦後精神保健行政と精神病者の生活——精神保健福祉序論』法律文化社.

岡崎美晴・江口秀子・我妻知美ら（2013）「チーム医療を実践している看護師が多職種と連携・協働する上で大切にしている行為——テキストマイニングによる自由記述の分析」『甲南女子大学研究紀要　看護学・リハビリテーション学編』(8)；1-11.

岡崎伸郎編（2011）『メンタルヘルス・ライブラリー28　精神保健・医療・福祉の根本問題2』批評社.

奥野英子・野中猛編著（2009）『地域生活を支援する社会生活力プログラム・マニュアル——精神障害のある人のために』中央法規.

大島巌（2016）『マクロ実践ソーシャルワークの新パラダイム——エビデンスに基づく支援環境開発アプローチ：精神保健福祉への適用例から』日本評論社.

栄セツコ（2010）「『連携』の関連要因に関する一考察——精神障害者退院促進支援事業をもとに」『桃山学院大学総合研究所紀要』35(3)；53-74.

坂田三允・井上ふじ子・長瀬英次ほか（2004）『精神看護エクスペール4　長期在院患者の社会参加とアセスメントツール』中山書店.

末安民生編（2009）『精神科退院支援ビギナーズノート』中山書店.

末安民生・東美奈子・吉川隆博ほか（2007）『実践精神科看護テキスト9——ディスチャージマネジメント』精神看護出版.

遠塚谷冨美子・吉池毅志・竹端寛ほか（2016）『精神病院時代の終焉——当事者主体の支援に向かって』晃洋書房.

吉池毅志・栄セツコ（2009）「保健医療福祉領域における「連携」の基本的概念整理　精神保健福祉実践における「連携」に着目して」『桃山学院大学総合研究所紀要』34(3)；109-122.

山中京子（2003）「医療・保健・福祉領域における『連携』概念の検討と再構成」『社会問題研究』53(1)；1-22.

索　引

《執筆者紹介》（五十音順／＊は編著者）

大石信弘（おおいしのぶひろ）　静岡　精神保健福祉士・社会福祉士事務所静岡まちとも　代表・精神保健福祉士：第Ⅱ部

＊大島　巌（おおしまいわお）　東京　編著者紹介参照：第Ⅰ部第3章，第Ⅱ部

興津　純（おきつじゅん）　神奈川　福井記念病院　精神保健福祉士：第Ⅱ部

木村　潔（きむらきよし）　千葉　特定非営利活動法人スペースぴあ　元理事長：コラム7

古明地さおり（こめち）　東京　グループホーム駒里　精神保健福祉士：第Ⅱ部，第Ⅲ部第6章，コラム13

酒本知美（さかもとともみ）　東京　日本社会事業大学通信教育科　講師：第Ⅰ部第4章，第Ⅱ部，第Ⅲ部第6章，資料編4

澤田高綱（さわだたかつな）　神奈川　特定非営利活動法人共に歩む市民の会　旭区生活支援センターほっとぽっと　ぴあスタッフ：コラム8

澤野文彦（さわのふみひこ）　静岡　沼津中央病院　精神保健福祉士：コラム1

鈴木由美子（すずきゆみこ）　宮城　宮城県立精神医療センター　看護師：コラム10

高沢　悟（たかざわさとる）　愛知　犬山病院　院長：コラム2

高野悟史（たかのさとし）　東京　こまぎの相談支援センター　精神保健福祉士：第Ⅰ部第2章第4節・第3章，第4章第1節，第Ⅱ部，第Ⅲ部第6章・第7章，資料編1

高野悠太（たかのゆうた）　東京　鶴が丘ガーデンホスピタル　精神保健福祉士：コラム9

瀧本里香（たきもとりか）　東京　日本社会事業大学社会福祉学部　非常勤講師：第Ⅱ部，第Ⅲ部第6章

中越章乃（なかごしあやの）　神奈川　東海大学健康学部健康マネジメント学科　講師：第Ⅰ部第2章・第3章・第4章，第Ⅱ部，第Ⅲ部第6章

中野千世（なかのちせ）　和歌山　医療法人宮本病院　地域活動支援センター櫻　精神保健福祉士：コラム12

贄川信幸（にえかわのぶゆき）　東京　日本社会事業大学社会福祉学部　准教授：第Ⅱ部

長谷部隆一（はせべりゅういち）　広島　広島国際大学健康科学部医療福祉学科　准教授：コラム4

古屋喜代子（ふるやきよこ）　神奈川　神奈川病院／厚木市厚木地域包括支援センター　看護師：第Ⅱ部，第Ⅲ部第6章第2節，資料編2・3，コラム5

＊古屋龍太（ふるやりゅうた）　東京　編著者紹介参照：はじめに，第Ⅰ部，第Ⅱ部，第Ⅲ部，おわりに

三重野芳美（みえのよしみ）　福岡　八幡厚生病院　サポートやはた相談支援センター　精神保健福祉士：コラム14

保田美幸（やすだみゆき）　京都　元・いわくら病院　精神保健福祉士：コラム6

柳瀬敏夫（やなせとしお）　和歌山　やおき福祉会　理事長：コラム3

山下眞史（やましたまさふみ）　和歌山　特定非営利活動法人ネオ　理事長：コラム11

《編著者紹介》

古屋龍太（ふるや・りゅうた）

　　日本社会事業大学大学院福祉マネジメント研究科教授
　　『長期在院精神障害者の地域移行支援——病院と地域の実践から』（社会保険研究所，2012年）
　　『精神科病院脱施設化論——長期在院患者の歴史と現況，地域移行支援の理念と課題』（批評社，2015年）
　　『精神障害者の地域移行支援——退院環境調整ガイドラインと病院・地域統合型包括的連携クリニカルパス』（中央法規，2015年）
　　『精神保健福祉の理論と相談援助の展開Ⅰ〈第2版〉』（編著，弘文堂，2016年）
　　『精神保健福祉に関する制度とサービス〈第3版〉』（編著，弘文堂，2017年）
　　『精神医療』95号「PSWの〈終焉〉——精神保健福祉士の現在」（共編著，批評社，2019年）
　　『精神医療』97号「医療保護入院——制度の廃止に向けて」（共編著，批評社，2020年）　ほか

大島　巖（おおしま・いわお）

　　日本社会事業大学社会福祉学部教授
　　『日本の精神障害者——その生活と家族』（共編著，ミネルヴァ書房，1988年）
　　『新しいコミュニティケアづくりと精神障害者施設——「施設摩擦」への挑戦』（編著，星和書店，1992年）
　　『ケアガイドラインに基づく精神障害者ケアマネジメントの進め方［改訂新版］』（共編著，精神障害者社会復帰促進センター，2001年）
　　『ACT・ケアマネジメント・ホームヘルプサービス——精神障害者地域生活支援の新デザイン』（編著，精神看護出版，2004年）
　　『マクロ実践ソーシャルワークの新パラダイム——エビデンスに基づく支援環境開発アプローチ〜精神保健福祉への適用例から〜』（有斐閣，2016年）
　　『ピアスタッフとして働くヒント——精神障がいのある人が輝いて働くことを応援する本』（監修，星和書店，2019年）
　　『実践家参画型エンパワメント評価の理論と方法』（共編著，日本評論社，2019年）　ほか

精神科病院と地域支援者をつなぐ
みんなの退院促進プログラム
——実施マニュアル＆戦略ガイドライン——

2021年1月20日　初版第1刷発行　　　　　　〈検印省略〉

定価はカバーに
表示しています

編著者　　古　屋　龍　太
　　　　　大　島　　　巖
発行者　　杉　田　啓　三
印刷者　　田　中　雅　博

発行所　株式会社　ミネルヴァ書房
607-8494　京都市山科区日ノ岡堤谷町1
電話代表　075-581-5191
振替口座　01020-0-8076

© 古屋龍太・大島　巖ほか，2021　　　　　創栄図書印刷・藤沢製本

ISBN978-4-623-08954-3
Printed in Japan

岡村正幸 編著　　　　　　　　　　　　　A5 判 322 頁／本体 3500 円

精神保健福祉システムの再構築
——非拘束社会の地平

ジョバンナ・デル・ジューディチェ 著　　　四六判 216 頁／本体 2200 円
岡村正幸 監訳／小村絹枝 訳

いますぐ彼を解きなさい
——イタリアにおける非拘束社会への試み

平澤恵美 著　　　　　　　　　　　　　　A5 判 224 頁／本体 5000 円

精神障害のある人への地域を基盤とした支援
——クラブハウスモデルとグループホーム

片山優美子 著　　　　　　　　　　　　　A5 判 216 頁／本体 6000 円

一般企業への重度精神障害者の就職をどう支援していくか
——包括的な支援のために IPS を利用する

松本卓也・野間俊一 編著　　　　　　　　A5 判 308 頁／本体 2800 円

メンタルヘルス時代の精神医学入門
——こころの病の理解と支援

———————————— ミネルヴァ書房 ————————————
https://www.minervashobo.co.jp